KB205758

욥기(성경, 이해하며 읽기)

Reading in understanding the Bible

욥기(성경, 이해하며 읽기)

발 행 | 2022년 10월 1일
저 자 | 장석환
펴낸이 | 장석환
펴낸곳 | 도서출판 돌계단
출판사등록 | 2022.07.27(제393-2022-000025호)
주 소 | 안산시 상록구 이동 삼태기2길 4-16
전 화 | 031-416-9301
이메일 | dolgaedan@naver.com

ISBN | 979-11-979752-7 1

https://blog.naver.com/dolgaedan
© 욥기(성경, 이해하며 읽기) **2022**
본 책은 저작자의 지적 재산으로서 무단 전재와 복제를 금합니다.

읍기

장석환 지음

CONTENT

머리말 5
서론 6
1장 8
2장 14
3장 16
4장 20
5장 24
6장 29
7장 33
8장 37
9장 41
10장 48
11장 51
12장 55
13장 59
14장 63
15장 69
16장 74
17장 77
18장 80
19장 82
20장 87
21장 91
22장 95
23장 98
24장 100
25장 103
26장 105
27장 107
28장 110
29장 114
30장 118
31장 123
32장 126
33장 130
34장 133
35장 136
36장 138
37장 143
38장 148
39장 152
40장 155
41장 160
42장 163

성경, 이해하며 읽기 시리즈를 시작하며.

성경은 하나님의 음성입니다.
말씀에는 하나님의 뜻(지)과 마음(정)과 의지(의)가 담겨 있습니다.
마음과 의미가 전달되지 않는 대화가 무의미하듯이
성경을 이해하지 않고 읽으면 성경을 읽는 것이 아닙니다.
뜻을 이해하며 읽으면 마음이 전달됩니다.
마음이 전달되면 행할 힘과 용기도 심어집니다.

모든 사람이 성경을 이해하며 읽을 수 있도록
너무 많지도 않고 적지도 않은 설명이 필요하다 생각하였습니다.
디자인을 포기하고
책 크기와 글씨 크기를 크게 하였습니다.

성경을 조금 더 능동적으로 읽으십시오.
하나님께서 왜 이런 말씀을 하셨을지를 생각하면서 읽어야 합니다.
그래서 짧은 주석 형식으로
구절 설명과 의미를 전달하고사 하였습니다.
단어의 의미와 문맥의 의미 그리고 배경 문화를 설명하였습니다.
능동적으로 생각하면서 읽으면
성경이 살아 움직이는 것을 느낄 것입니다.

매일 말씀을 준비하고 잠자리에 들때마다
가슴이 벅차서 잠이 제대로 오지 않았던 적이 많습니다.
설교를 들었던 믿음의 공동체와 내가 읽은 수많은 책의 저자들 모두
공동 저자입니다.
이 책이 하나님을 실제적으로 만나는 행복의 통로가 되기를

하나님께 영광 되기를 기도합니다.

욥기(Job)

꼭 성경과 함께 읽어야 합니다. 성경을 읽고 해당 구절 설명을 읽으십시오.

1.시대

욥기는 족장시대를 배경으로 한다. 아브라함과 비슷한 시대로 본다.

2.유명한 구절

욥기에서 가장 유명한 구절은 아마 "네 시작은 미약하였으나 네 나중은 심히 창대하리라" (욥 8:7)라는 구절일 것이다. 그런데 이 구절의 의미를 알고 있는 사람을 지금까지 거의 만나 보지 못했다. 이 말씀은 액자로는 많이 걸려 있는데 본래의 의미는 모르는 아이러니가 가득한 말씀이다. 사람들은 말씀이 아니라 단지 '창대'를 좋아하는 것 같다. 사실 이 구절은 회개를 촉구하는 말씀이다. 성경 구절을 사용하는 것이 아니라 구절의 의미대로 사용해야 말씀이 된다.

2.욥기 특이 사항

욥기는 이해하기 어렵다.

첫째, 장르가 '시'라서 그렇다. 욥기 이해를 위해서는 산문적 이해가 아니라 시적 이해가 필요하다는 것을 기억해야 한다.

둘째, 욥기 배경이 고대다. 그래서 병렬 자료가 거의 없다. 단어나 문화에 대해 병렬 자료가 없기 때문에 의미 파악을 할 때 추측에 많이 의존한다. 그래서 다양한 해석이 가능하다.

셋째, 사람들의 삶에 대한 태도가 얕고 가볍기 때문이다. 오늘날 사람들이 깊이 이해하지 않으려 한다. 그래서 삶과 고난의 문제를 깊이 다루는 욥기의 내용이 너무 어렵다. 그러나 욥기는 그래서 가치 있다. 욥기를 잘 이해하면 삶을 깃털처럼 살아가던 사람을 바위처럼 묵직하게 해 준다.

욥기의 내용 대부분을 차지하고 있는 욥과 세 친구의 대화를 보면 당황스럽다. 친구들의 충고와 조언을 어떻게 해석해야 할까? 이후에 이들은 하나님께 책망을 받는다. 그렇다면 이들의 충고가 성경에 길게 기록될 필요가 없지 않을까? 이들의 조언은 어떤 가치가 있을까?
그들의 말은 경험에서 나온 말이다. 그렇다면 그들의 말은 전혀 가치가 없을까? 그렇게 가치가 없다면 성경에 길게 기록되지 않았을 것이다. 어떤 가치를 가질까? 나는 일단 그들의 주장도 '일반계시'로서 가치를 가진다고 판단한다. 욥기는 '지혜문학'의 측면을 담고 있다. 욥의 친구들의 조언은 당시의 일반적 전통적 지혜를 담고 있다. 시대마다 좋은 철학책이 있고 자기 계발서들이 있다. 성경은 아니지만 하나님의 일반계시적인 면을 담고 있는 좋은 책들이 있다.
우리가 좋은 책을 읽어야 하듯이 일반계시는 중요하다. 그러나 분명한 한계를 가지고 있다는 것도 명심해야 한다. 일반계시는 특별계시의 조명 아래에서만 가치를 가진다. 계시로서의 기능을 한다. 그러기에 욥의 친구들의 충고도 그렇게 해석을 해야 한다. 욥의 친구들의 말을 무조건 거부하거나 받아들이면 안 된다. 욥의 친구들의 말을 하나님의 말씀과 뜻이라는 측면으로 다시 생각해 보아야 한다. 그래서 받아들일 것은 받아들이며 제한적인 측면 또한 있음을 이해하는 것이 필요하다. 욥의 친구들의 의견을 그들의 주장이 아니라 문맥속에서 가치를 잘 이해하면 이제 특별계시가 된다.

욥의 세 친구들은 좋은 말을 하지만 잘못된 전제 2 개를 가지고 있다. 첫째, 고난은 직접적으로 죄 때문이다. 둘째, 복은 이 땅에서 이루어 진다. 이 두 가지 전제가 잘못되었다는 것을 이해하고 읽으면 그들의 조언까지 매우 유용한 것이 될 것이다.

1장

욥기를 시작하며 욥이 어떤 인물인지를 소개한다.

1:1 우스. '우스'는 동방에 있었는데 '동방'은 요단강 오른쪽을 의미한다. 그래서 위로는 아람이고 남으로는 에돔 지역을 가리킨다. 더 멀리 페르시아 지역을 의미할 수도 있다. 욥의 시대는 아마 아브라함과 동시대일 것으로 보인다. **욥.** 이름의 의미는 '하늘 아버지가 어디 계신가?'이다. 이 이름은 이중적인 의미를 갖는 것 같다. 욥은 하나님이 그의 아버지가 되고 그와 함께 함으로 복을 주시는 것을 경험하고 있다. 긍정적 고백으로 '하나님을 아버지로 찾으며 사는 삶이고 하나님께서 그와 함께 하시는 것을 경험하는 삶'이라는 것을 볼 수 있다. 부정적 의미는 고난 속에서 하나님의 존재의 자리를 고민하며 찾는 것이라 할 수 있다. 하나님을 경외하며 악에서 떠난 자. 경건에서 가장 기본적인 의미가 '하나님을 경외'하는 것이다. '하나님을 경외하여 하나님께서 기뻐하시는 삶'을 사는 것이다. 욥은 그렇게 하나님을 경외하며 하나님께서 기뻐하시는 삶을 살고 있었다.

1:3 소가 오백 겨리. 동방에서 가장 중요한 것은 '짐승의 수'였다. 그가 소가 천 마리(오백 겨리)가 있는 것을 보니 농사도 지었던 것으로 보인다. 넓은 땅과 밭 그리고 짐승이 있었다. 자녀들도 많이 있었다. **동방 사람 중에 가장 훌륭한 자라.** 요단강 동편에서 그의 소문이 자자했던 것으로 보인다. 큰 부자였고 무엇보다 경건하여 참으로 훌륭한 사람이었다.

1:4 욥이 어떤 사람인지 앞에서 개관적인 설명을 하였다면 이어서 그의 됨됨이를 볼 수 있는 구체적인 한 가지 예를 말한다. **집에서 잔치를 베풀고.** 욥의 자녀들이 생일이 되면 모든 형제자매를 불러 잔치를 하였다. 아들들은 아마 아직 장가를 가지 않았는데 각자의 집이 있었던 것으로 보인다. 누이들은 아직 시집을 가지 않았기 때문에 욥과 함께 살고 있었을 것이다.

1:5 그들의 명수대로 번제를 드렸으니. 어쩌면 생일 잔치가 며칠 이어졌을 수도 있다. 그렇게 한 사람의 생일잔치가 끝나고 나면 그때마다 욥은 잔치에 참여한 모든 자녀들을 불러서 번제를 드렸다. 속죄제는 분명한 죄에 대해 용서를 구하는 것이며 번제는 막연한 죄에 대해 용서를 구하는 것이다. **혹시 내 아들들이 죄를 범하여 마음으로 하나님을 욕되게 하였을까 함이라.** 구체적으로 어떤 죄를 범한 것은 아니지만 잔치 기간에 있을 수 있는 범죄의 경우를 생각하여 번제를 드린 것이다. 자신들의 아버지 욥이 어떤 사람인지를 알기에 자녀들이 함부로 불신앙적인 행동을 하지 않을 것이다. 그런데 잔치가 벌어지면 즐겁기 때문에 술을 마시면서 다양한 이야기를 하게 된다. 자신들의 자랑거리도 말할 것이다. 그렇게 말하다 보면 어느 순간 하나님께서 주신 것을 자신이 잘해서 그렇게 가진 것처럼 말할 수 있다. 그것은 '하나님을 욕되게 한 것'이 된다. 욥은 그의 자녀에게서 그런 가능성까지 경계하였다.

욥의 행위가 항상 이러하였더라. 욥은 그렇게 하나님 앞에 죄가 되지 않도록 조심하고 또 조심하였다. 사람의 연약함도 알고 있었고 죄사함이 필요한 것도 알고 있었다. 사람의 교만도 알고 있었고 교만은 필연코 죄를 범하기 쉽다는 것도 알고 있었다. 그래서 늘 그러한 죄에 대해 주의를 기울이고 오직 하나님의 사람으로 살고자 자신이 최선을 다하였고 가장으로서 가족들의 신앙까지도 항상 조심하였다. 그의 생애가 그러하였다. 늘 그렇게 하나님을 경외하면서 살았다.

욥이 시험을 겪게 된 배경.

1:7 여호와께서 사탄에게 네가 어디서 왔느냐. 천상의 회집이 있고 하나님께서 사탄에게 질문하신다. 이 모임이 실제 천상의 회집에 사탄이 들어왔는지 아니면 신인동형적 표현인지는 정확하지 않다. 아마 신인동형적 표현일 것이다. 여하튼 하나님께서 물으시자 사탄은 대답한다. **땅을 두루 돌아 여기저기 다녀왔나이다.** 사탄은 세상 모든 곳을 돌아다니고 있다. 왜 돌아다닐까? 사람을 넘어뜨리고 파괴하기 위함이다. 지피지기면 백전백승이라 말한다. 상대를 알지 못하면 진 싸움이 된다. 사탄은 우리를 아주 잘 알고 있다. 항상 살피고 있다. 그런데 우리가 사탄에 대해 모르면 싸움에 질 것이다. 그러니 최소한 사탄이 우리를 파괴하려고 늘 틈을 엿보고 있다는 것만은 분명히 알아야 한다.

1:8 여호와께서 사탄에게 이르시되. 사탄이 욥을 깨트려서 여호와께서 사탄에게 말씀하시는 것이 아니다. 사건의 시작은 하나님께 있음을 볼 수 있다. **네가 내 종 욥을 주의하여 보았느냐 그와 같이 온전한 자가 세상이 없느니라**. 욥의 시험은 어떤 면에서는 욥의 온전함에서 시작되었다. 이 말씀을 욥이 처음부터 들었다면 어땠을까? 시험을 이기는 것이 어쩌면 조금 더 쉬웠을 것이다. 하나님께서 그를 믿고 계신다. 그러니 그 믿음대로 조금만 이를 악물고 환난을 지나가면 된다. 오늘날 우리는 이 말씀을 알고 있다. 그렇다면 우리도 우리에게 있는 환난을 마음 단단히 먹고 지나가면 되지 않을까?

1:9 욥이 까닭 없이 하나님을 경외하리이까. 하나님께서 그에게 '복을 주시고 보호하시니' 하나님을 경외하는 것이라고 말한다. 하나님의 말씀에 사탄은 딴지 걸었다. 욥이 자신의 믿음을 증명해야 할 차례가 되었다. 우리가 지금 믿음의 길을 잘 가고 있다. 그러나 '까닭이 있어'그럴까? 문제가 없이 잘 살고 있으니 믿음의 길을 잘 가고 있는 것일까, 아니면 어떤 일이 일어나도 믿음의 길을 잘 갈 수 있을까?

어떤 일이 일어나도 믿음의 길을 잘 가야 진짜 믿음이다. 그렇다면 우리의 믿음이 진짜인지 가짜인지 모르고 살고 있는 것이 좋을까, 아니면 시험을 통해 우리의 믿음의 정체성이 드러나는 것이 좋을까? 정체성이 드러나야 거짓 믿음이면 다시 시작이라도 할 수 있는 것이 아닐까?

1:12 내가 그의 소유물을 다 네 손에 맡기노라. 하나님께서 사탄에게 허락하셔야 사탄은 일을 할 수 있다. 그러기에 사탄의 존재를 너무 과하게 생각할 필요 없다. 시험에서 기억해야 할 것은 하나님의 주권이다. 하나님의 주권 가운데 일어나기 때문에 우리가 감당할 수 있는 것만 일어나는 것이다. 시험에 빠지는 것은 감당할 수 없기 때문이 아니라 어리석어서 넘어지는 것이다. **다만 그의 몸에는 네 손을 대지 말지니라.** 시험에는 제한이 있다. 무턱대고 일어나는 것이 아니다. 하나님께서 주권을 가지고 계시기 때문에 제한이 있다. 사람들이 시험을 이기기 원하시기 때문에 이길수 있는 만큼만 주시기 위해 제한이 있다. 제한이 있다는 것은 또한 언젠가 곧 끝난다는 것을 의미하기도 한다. 시험의 때에 제한이 있음을 기억해야 한다.
욥기는 사람에게 있는 고난과 환난에 대한 주제를 다룬다. 길고 긴 말씀에서 사탄의 이야기는 그리 길지 않다. 2 장 7 절에서 사탄이 나오고 그 이후에는 언급도 안 된다. 그가 파괴하는 자이기 때문에 사람의 고난과 환난에서 파괴하는 역할을 하는 것에 나올 뿐 해답을 찾아가는 과정에서 사탄은 그리 큰 역할을 하지 못한다. 고난과 환난에서 중요한 것은 파괴가 아니라 사람이 선택해야 하는 것이다. 사탄의 선택이 아니라 사람의 선택이 중요하다. 사탄의 파괴가 큰 것이 아니라 사람이 고난을 어떻게 대처하느냐가 중요하다.

욥에게 시련이 닥치고 그것에 대한 욥의 반응.

1:13 음식을 먹으며 포도주를 마실 때. 고난의 사건이 일어난 날은 애꿎게도 맏아들의 집에서 잔치가 벌어진 날이다. 아마 생일 잔치인

것 같다. 그날에 모든 것이 무너지고 그들의 장례식 날이 될 줄은 아무도 몰랐을 것이다.

1:14 소는 밭을 갈고 나귀는 풀을 먹는데. 마을의 평범한 전형적인 풍경이다. 다른 여느 때와 다른 것이 전혀 없던 그 날 모든 재앙이 일어났다.

1:16 불이 하늘에서 떨어져서 양과 종들을 살라 버렸나이다. 그날 소가 밭을 갈고 있었던 것으로 보아 비 오는 날씨는 아니었을 것이다. 그런데 마른 하늘에 날벼락이 쳤다. 순식간에 욥의 양과 목자들이 죽임을 당하였다. 어떻게 그런 끔찍한 일이 벌어졌는지. 그것도 '아직 말하는 동안에' 일어났다. 앞선 종이 비애를 알리는 동안 또 비애를 듣게 되었다.

1:18 말하는 동안에 또 한 사람이 와서. 욥의 자식들이 한꺼번에 다 죽었다. 말할 수 없는 비극이 동시다발적으로 한 날에 욥에게 일어났다. 욥의 경우 조금 특이하게 한꺼번에 일어났다. 그러나 우리가 명심해야 할 것은 우리가 가진 것이 무너지는 것은 시간 차이일 뿐 모든 것이 무너진다는 것은 변함없는 진리라는 것이다.

1:20 겉옷을 찢고 머리털을 밀고. '겉옷을 찢는 것'과 '머리를 미는 것'은 당시 슬픔에 대한 전형적인 표현이다. 사람들은 대부분 땅에 '털썩' 주저앉아 통곡하였다. **땅에 엎드리어 예배하며.** 욥은 조심스럽게 땅에 '엎드려 경배'하였다. '예배하며'라는 표현은 아주 절제된 표현으로 '땅에 고개를 숙인 모습'을 말한다. 그는 그 자세로 '전능하신 하나님 앞에 자신의 낮고 낮음과 하나님의 높고 높음'을 고백하였다. 21 절에서 고백하는 것처럼 하나님의 높으심 앞에 엎드려 기도로 고백하였다. 그가 '자기 자신'이 아니라 '하나님 앞에' 살고 있는 사람이라는 것을 행동으로 말하고 있다. 사람들이 고난을 당하면 오히려 더 교만해지는 경향이 있다. 그래서 하나님을 원망한다.

원망이 바로 '자기중심적 모습'의 표출이다. 무너지게 하신 '하나님의 높으심'이 아니라 무너진 '자신의 비참함'을 더 생각하는 것은 인간 중심적이고 자기중심적 자세이다.

1:21 주신 이도 여호와시요 거두신 이도 여호와시오니. 얼마나 아름다운 고백인가? 우리가 평온할 때, 무엇인가를 가지고 있을 때 주신 분이 하나님이시기 때문에 하나님을 주인공으로 고백해야 한다. 잃었을 때도 마찬가지다. 하나님이 주인공이시기 때문에 하나님 앞에 엎드려야 한다. **여호와의 이름이 찬송을 받으실지니이다.** 모든 상황 속에서 오직 '하나님의 이름이 찬송'을 받아야 한다. 하나님의 은혜와 엄위한 통치를 고백하며 하나님을 고백해야 한다. 사람들은 무너지면 사탄을 원망하지 않고 하나님을 원망하곤 한다. 다시 생각해야 한다. 원망은 사탄에게 하고 하나님을 향해서는 엄위하신 주권 앞에 엎드리고 하나님이 세우시기 원하시는 것을 생각해야 한다. 무엇인가를 잃었을 때 그리 억울하기만 한 일도 아니다. 사실 우리는 죄 때문에 오직 지옥에만 합당한 사람이다. 지옥보다 나은 모든 것이 다 과분하다. 우리 것이 아니다. 무너졌을 때 오히려 이전에 가지고 있었던 것이 얼마나 큰 은혜였는지를 깨달아야 한다. 조금 가지고 있는 것조차도 여전히 과분하다는 것을 알아야 한다.

1:22 이 모든 일에 욥이 범죄하지 아니하고. 욥이 시험을 만나 이긴 모습이다. '시험을 이겼다'는 것은 시험이 되는 환경에서 벗어난 것을 의미하는 것이 아니다. 시험을 만나 '범죄하지 않은 것'이다. **원망하지 아니하니라.** 범죄하지 아니한 것을 다시 말하면 하나님을 향하여 원망하지 아니한 것이다. '원망'으로 번역한 단어는 '그릇되게 말하고 행동하는 모든 것'을 의미하는 단어다. 시험의 때에 하나님을 원망하는 것을 당연히 여기는 사람들이 많다. 흐느적거려도 되고, 예배를 빠져도 이해해야 하는 것으로 생각한다. 그러나 그것은 잘못이다.

2 장

욥에게 닥친 두 번째 시험.

2:3 그가 여전히 자기의 온전함을 굳게 지켰느니라. 욥에 대한 말씀이다. 욥은 하나님의 자랑이 되었다. 욥은 첫번째 시험에서 많은 것을 잃었다. 그러나 가장 중요한 것을 얻었다. 하나님의 '인정'이다. 잃은 것은 조금이요 얻은 것은 대단히 많다. 믿음이 없는 이들이 보기에는 잃은 것이 많고 얻은 것이 적은 것 같지만 실상은 그가 얻은 것이 참으로 위대하고 크다. 그가 잃은 모든 것을 회복하게 될 열쇠이기도 하다.

2:4 가죽으로 가죽을 바꾸오니. 사탄은 억울하여 다시 한 번 더 시험을 하고자 하였다. 욥이 첫번째 시험을 이길 수 있었던 것은 정당한 거래가 아니었기 때문이라 주장한다. 욥이 잃은 것이 그를 넘어뜨리기에 충분한 것이 되지 못하였다는 뜻이다. 가죽을 바꾸고자 하면 가죽을 주어야 하듯이 '욥이 하나님을 향한 믿음을 버리기 위해서는 주변의 것(소유물)이 아니라 욥 자신을 쳐야한다'는 주장이다.

2:5 그의 뼈와 살을 치소서...주를 향하여 욕하지. 사탄의 주장은 과하기는 하지만 한편 타당한 면도 있다. 욥이 잃은 것이 이직은 적을 수 있다. 욥 자신은 건강하게 살아 있기 때문이다.

2:6 내가 그를 네 손에 맡기노라. 하나님은 욥을 신뢰하셨다. 그래서 이번에도 사탄에게 욥 치는 것을 허락하셨다. 또 한 번의 시험이 시작되고 있다. 이번에도 욥이 시험을 통과할까? 아니면 사탄의 장담처럼 시험에 넘어질까? **생명은 해하지 말지니라.** 시험에는 제한이 있다. 하나님께서 제한을 두셨다.

2:7 사탄이 욥을 쳐서. 사탄은 파괴자다. 파괴자는 늘 사탄이다. 시험의 때에 하나님께서 치시지 않는다. **욥을 쳐서 종기가 나게 한지라.** 사탄은 욥의 몸을 쳤다. 몸이 아프면 정신도 혼미해지기 쉽다. 정신이 약해지기 쉽다.

2:8 질그릇 조각을 가져다가 몸을 긁고 있더니. 슬픔의 표현일 수도 있으나 그것보다는 가려움을 경감시키기 위해 아프지만 몸을 강하게 긁고 있는 것으로 보인다. 그렇게 아프면서도 욥은 끝내 믿음을 지켰다. 하나님 앞에 엎드렸다. 그 모습을 보다 못해 그의 아내가 한 마디 하였다.

2:9 하나님을 욕하라. '하나님을 저주하라'는 말이다. 원망, 불평이라도 하라는 말이다. 그것이 인간적인 것처럼 보인다. 상황이 이런데 왜 여전히 그렇게 하나님께 신실하느냐고 말하고 있다. **죽으라.** 무엇을 의미하는지 정확하지 않다. 하나님을 저주하면 그 벌로 죽는 것을 의미한다면 '저주하여 죽는다 할지라도 차라리 저주하고 죽으라'는 말인 것 같다.
욥의 아내는 욥이 겪는 고난을 그대로 함께 겪은 사람이다. 욥이 잃은 재산과 자녀가 다 욥의 아내 것이기도 하다. 욥이 몸이 아플 때는 그는 겪지 않았지만 여전히 그의 아내도 힘들었을 것이다. 욥의 아내는 자신이 아픈 것이 아니면서도 두 번째 시험에서는 졌다. 그는 욥이 끝까지 신앙인으로 서는 모습이 꼴보기 싫었던 것 같다. 참으로 힘든 순간에도 여전히 하나님을 고백하며 하나님 앞에 엎드려 있는 욥의 모습이 이해되지 않았던 것 같다.

2:10 욥이 입술로 범죄하지 아니하니라. 두 번째 시험에서도 그는 범죄하지 아니하고 오직 하나님을 바라보았다. 그의 병이 치료됐기 때문이 아니라 병 중에도 '하나님을 원망하거나 불평'하지 않고 찬양함으로 시험을 이겼다.

하나님께 복을 받았은즉 화도 받지 아니하겠느냐. '복'을 받으면 감사하고 '화'를 받으면 기도하며 하나님의 주권을 받아들이고 인도하심에 대해 신뢰하였다. 하나님이 주신 것이라면 그것이 무엇이든 사랑하여 주신 것이다. 그러기에 욥은 신뢰하면서 '화'도 받아들여야 한다고 말하고 있다. '화'에 대해서도 하나님을 신뢰함으로 받아들여야 한다. 하나님의 주권을 복은 감사하고 화에 대해서는 감사하지 않으면 하나님의 주권이 아니라 자신의 이기주의를 따라 행동하는 것이다. 자신의 이기주의는 어리석다. 하나님이 지혜로우시고 옳은 분이다. 그러기에 자신의 감정대로 '화(재앙)'를 싫어할 것이 아니라 하나님의 통치에 따라 순종하며 받아들여야 한다.

3 장

2 장까지는 서론의 역할이다. 3 장부터 욥의 탄식과 친구들의 긴 대화가 이어진다.

3:1 그 후에. 친구들이 오고 7 일이 경과한 후를 의미할 것이다. 이 당시 문화는 슬픔을 당한 자가 말을 하기 전에는 위로자가 먼저 말하지 않았다. 7 일 동안 욥도 친구도 침묵히며 슬퍼하였다. **욥이 입을 열어 자기의 생일을 저주하니라.** 이 구절을 이해하기 위해 먼저 알아야 하는 것은 앞에 나온 시험에 욥이 '시험을 이긴 것'과 이후의 본문의 관계다. 앞 부분에서 욥이 아주 아름답게 시험을 이겼는데 이후에 나오는 모습에 조금 당황할 수도 있다. 그러나 이후의 본문에서 욥이 시험에 진 것이 아니다. 이후에 욥이 말할 때 앞 부분에 그가 잃어버린 재산이나 자신의 건강에 대해 한탄하는 내용이 전혀 나오지 않는다. 이후 그가 친구들과 한 대화는 잃어버린 재산이나 건강에 대한 이야기가 아니라 고난이라는 주제에서 아파하고 하나님과의 관계에서 해답을 찾고자 하는 것이다.

욥의 아내는 '하나님을 저주하라'고 하였다. 그러나 욥은 하나님을 저주할 생각은 전혀 없었다. 그는 '자신의 생일'과 '임신'을 저주한다. 저주의 대상이 확실하다. 하나님을 향해서는 입도 뻥긋하지 않는다.

3:3 내가 난 날이 멸망하였더라면. 3 절부터 시가서답게 시 형식으로 되어 있다. 앞으로 계속 절제된 시 형식으로 되어 있다. 자신이 태어난 날과 자신이 잉태된 그 밤을 저주한다. 그런데 저주라고 번역하기 보다는 '한탄'이나 '탄식'이 더 맞을 것 같다. 이것을 말하는 것은 그 날이 지금이라도 어떻게 되기를 바라는 마음이 아니다. 저주는 보통 그런 마음이 담겨 있다. 그러나 욥은 그런 마음이 전혀 없다. 그가 지금 생일의 날과 임신하던 밤을 저주한다고 그 날이 없어질 가능성은 전혀 없기 때문이다.
이 상황에서 사람들이 가장 흔하게 행하는 일은 '죽고 싶은 마음'이다. 마음을 넘어 '시도'한다. 너무 힘들면 힘든 것보다는 죽는 것이 훨씬 더 낫기 때문이다. 주변에서 나는 '약 먹고 죽겠다'는 말을 아주 흔하게 듣는다. 고독사보다 존엄사를 선택한다고 말한다. 그러나 그러한 것은 매우 교만한 생각이다. 생명을 주신 하나님을 무시하는 생각이다. 기독교인은 '죽고 싶다'는 어떤 시도도 하지 말아야 한다. 생각도 하지 말아야 한다. 죽어도 된다면 욥이 지금 할 수 있는 가장 쉽고도 빠른 선택이 죽는 일일 것이다.
욥은 자신이 태어난 날과 임신한 밤을 문학적으로 인격적으로 표현하며 그 날을 저주한다. 그 날과 그 밤은 실제 대상이 아니기 때문에 욕을 들어도 누가 뭐라하지 않을 것이기 때문에 그 날을 욕하는 것으로 보인다. 그의 아픔을 호소할 길이 없으니 대상을 찾아 문학적 기법으로 그렇게 호소하는 것이다. 탄식하여도 품위있게 탄식하고 있다. 모든 것을 잃었고 심히 아픈 가운데 있었지만 그는 신앙인으로서 품위를 지키며 아파하고 있다.

3:7 그 밤에 자식을 배지 못하였더라면. 다양한 탄식이다. 깊은 탄식이다. 탄식은 그가 많이 약한 상태에 있기 때문에 잘못된 것이

나올 수 있는 위험이 있지만 또한 필요한 것이기도 하다. 아플 때 탄식하는 것이 보약이다. 그가 탄식할 수 있도록 먼 곳에서 친구들이 와서 함께 있어주고 대화할 수 있는 것도 복이다. 이렇게 아픈데 욥이 절도 있고 품위있게 탄식할 수 있는 것은 더욱더 큰 복이다. 아름다움이다. 아픔이 있을 때 탄식하되 여전히 절도가 있어야 한다. 품위가 있어야 한다.

3:11 태에서 죽어 나오지...해산할 때...내가 젖을 빨았던가. 욥은 자신이 태어날 때 '사산'하거나 '갓난 아기'로 죽거나 '신생아'로 죽지 않은 것에 대해 안타까워한다. 사람이 확률적으로 가장 많이 죽는 때가 그때다. 그래서 욥은 그때를 생각하면서 많은 사람들이 죽었던 것처럼 자신도 그때 죽었다면 얼마나 좋았을까를 생각하고 있다.

3:13 내가 평안히 누워서 자고 쉬었을 것이니. 이 표현은 극단적 고난에 처해 있는 욥이 말하는 죽음에 대한 단순한 생각이다. 물론 신앙인에게 죽음은 '누워서 자고 쉬는 것'이 될 것이다. 아니 그보다 훨씬 더 영광스러운 것이 될 것이다. 그러나 비신앙인에게는 이 땅에서 겪는 어떤 고난보다 더 큰 고난의 시작이 될 것이다. 욥은 죽음에 대해 이성적 사고로 생각하는 것이 아니라 감성적 표현을 하고 있는 것이다. 우리도 참으로 많이 아프면 죽고 싶은 것처럼 말이다.
나도 대학 시절 너무 힘들이 잠을 자기 전 아침이 오지 않기를 기도하고 잠을 잔적이 많이 있었다. 지금도 몸이 많이 아프면 천국을 더욱 간절히 사모한다. 신앙인이거나 비신앙인이거나 극단적 고통에서 모두 죽음을 생각하는 것을 본다. 욥이 지금 말하고 있는 것은 바로 거기까지다. 죽음에 대한 깊은 이야기가 아니라 아파서 죽음을 사모하는 고백이다.

3:20 어찌하여 고난당하는 자에게 빛을 주셨으며. '빛'은 '생명'을 상징한다. 죽고 싶은데 어찌 죽음을 주지 않으시고 생명을 주시는지 질문한다.

3:21 숨긴 보배를 찾음보다 죽음을 구하는 것을 더하다가. 이렇게 간절히 죽음을 찾고 있다. 그러나 죽음을 찾지 못한다. 주변에서는 쉽게 죽음에 이르는 것을 본다. 무슨 차이일까? 욥은 그렇게 죽음을 갈망하였지만 죽음이 자신이 선택할 수 있는 것이라고는 상상도 하지 못한다. 생명은 하나님께 속한 것이기 때문에 '자살'이라는 것에 대해서는 생각을 넘어 상상도 하지 못하고 있다. 우리는 이것을 명심해야 한다. 죽음을 우리가 힘들다고 우리가 선택할 수 있는 하나의 선택지라고 생각하는 것 자체가 금지되어야 한다.

3:23 하나님에게 둘러 쌓인 사람. 욥은 하나님께 둘러 쌓여 '생명'이 있음을 힘들어 하고 있다. 이 구절을 1 장 10 절과 비교하여 생각해 보아야 한다. "주께서 그와 그의 집과 그의 모든 소유물을 울타리로 두르심 때문이 아니니이까 주께서 그의 손으로 하는 바를 복되게 하사 그의 소유물이 땅에 넘치게 하셨음이니이다" (욥 1:10) 사탄은 '하나님의 울타리' 때문에 욥이 하나님을 경외한다고 주장하였었다. 그러나 여기에서 욥은 하나님의 울타리로 인한 '생명유지'를 더 아파하고 있다. 사실 사탄이 욥의 몸을 치기 전에 하나님께서는 사탄에게 '욥의 생명'을 건들지 말도록 울타리를 치셨었다.

3:24 앓는 소리는 물이 쏟아지는 소리 같구나. 물이 쏟아지듯이 크고 지속적인 고통의 소리를 내고 있다. 그렇게 아픈 것은 생명이 있기 때문이다. 생명이 있어 아픈 것이다. 생명이 있다는 것은 뜻이 있다는 의미다. 그렇다면 아픈 것도 의미가 있을 것이다. 생명을 주관하시는 하나님께서 생명을 거두지 않으신 것은 뜻이 있기 때문이다. 선하신 뜻이다. 생명이 있는 사람은 하나님의 선한 뜻을 이루어야 한다. 매우 아프지만 그가 여전히 이루어야 하는 하나님의 선한 뜻이 있다는 것이기에 그것은 희망이다.

4 장

욥의 친구(위로자)중 처음으로 엘리바스가 욥에게 말한 내용

4:1 엘리바스가 이르되. 앞으로 욥의 세 친구의 이야기가 많이 나올 것이다. 이 친구들의 충고와 조언을 어떻게 해석해야 할까? 서론 참고.

4:3 보라. 강조의 성격이 강하다. **네가 여러 사람을 훈계하였고.** 욥이 지금 고난 받는자로서만 생각하지 말고 이전에 여러 사람을 훈계하면서 도와주고 강하게 하였던 것을 생각해 보라는 말이다.

4:5 이 일이 네게 닥치매 네가 놀라는구나. 남의 이야기일 때는 조금 더 객관적으로 볼 수 있고 이성적일 수 있는데 자신의 이야기일 때는 그것이 더 어렵다.

4:6 경외함이 네 자랑. '경외'와 '온전'(고결)은 욥의 트레이드 마크다. 욥기 1 장 1 절에서도 욥에 대해 그렇게 말하면서 시작한다. 엘리바스도 그것을 인정하였다. 엘리바스는 그것을 더 강하게 말하고 있다. 지금 고난자로서 고난에만 머물지 말고 지금까지 살아온 것처럼 그렇게 살라는 것이다. 경외와 온전(고결)을 더욱 붙잡으라는 말이다. 우리는 어느 시점에 있으면 그곳에서만 생각하기 쉽다. 그러나 조금은 그 자리를 초월할 필요가 있다. 이전의 나의 모습에서 찾아본다면 더욱 좋을 것이다. 지금 나의 위치가 아니라 다른 사람의 위치에서 살펴보는 것도 좋은 방법이다.

4:7 생각하여 보라. '기억하라'고 번역해도 좋은 단어다. 이것은 욥이 이미 알고 있는 것임을 전제한다. 욥이 이미 알고 있고 받아들이고 있는 그것을 다시 생각해보라는 말이다. **죄 없이 망한 자가 누구인가.** 이것은 앞으로 욥의 친구들이 충고할 때 가장 핵심되는 내용이다. 간단히 말하면 '인과응보'다. 세상에 원인 없는 결과가 없으니 '욥이

지금 고난을 겪는 것은 분명 어떤 죄가 있어 그럴 것이니 무슨 죄가 있는지 살펴보라'는 충고다.

4:8 악을 밭갈고. 밭을 가는 것은 힘을 들여 하는 것이기에 '고의로 악을 행하는 것'으로 해석할 수 있다. 또는 칠십인역에서는 '황무한 땅을 밭 갈고'로 번역하고 있다. 땅이 안 좋으면 아무리 밭을 갈아도 좋은 열매가 없기 때문이다. **독을 뿌리는 자.** 해로운 것을 뿌리는 사람은 해로운 것을 얻는 것으로 해석할 수 있다. 뿌린 대로 거두는 것이지 다른 것을 거두는 것이 아니라는 말이다.
엘리바스가 말하는 인과응보는 맞다. 뿌리는 대로 거둔다. 그러나 욥의 고난이 그가 악을 뿌렸기 때문에 거두는 것은 아니다. 오히려 그 반대다. 우리는 욥기 서론에서 욥에게 이런 고난이 있는 이유를 보았다. 욥의 경우는 오히려 경건하기 때문에 사탄이 시기하고 하나님께서 자랑하시면서 생긴 문제였다.
인과응보는 맞다. 그러나 원인이 단순하지 않다. 결과 또한 단순하지 않다. 욥에게 일어난 고난은 그것 만이 결과가 아니다. 그 이후에 더욱더 복을 받는 것이 결과다. 그러기에 엘리바스가 말하는 인과응보는 맞는 말이지만 원인도 틀렸고 결과도 틀리게 생각하면서 인과응보를 말하기 때문에 욥에게 잘못 적용된 좋은 말이다.

4:10-11 사자. 갑작스럽게 사자 이야기가 나온다. 그것은 고대에 사자는 '자기 확신' '자기 과시'의 상징으로 여기는 동물이기 때문이다. 힘센 사자도 '이가 부러지기도'한다. '사냥한 것이 없어 죽기도'한다. 그러니 옳은 욥이라 하여도 그렇지 못한 것이 있을 것이니 원인을 잘 생각해 보라는 충고다. 물론 원론적으로는 맞는 말이다. 생각해 보아야 하는 말이다.

엘리바스가 자신이 본 환상을 근거로 욥에게 말하는 이야기.

4:12 어떤 말씀. '환상'과 '미세한 음성'을 통해 그에게 전달된 계시에 대한 이야기다.

4:14 두려움과 떨림. 그는 어찌할 줄을 몰랐다. 사람들이 영적인 어떤 일에 대해서는 더 많이 두려워하는 경향이 있다. 그러나 영적인 현상에 대해 이런 자세는 좋은 자세가 아니다. 영적인 존재는 하나님과 천사가 있다. 천사 중에는 악한 천사도 있다. 하나님을 경험할 때는 두려워하는 마음이 당연하다. 그러나 천사를 만나거나 타락한 천사(악령)를 만나서 이렇게 두려워할 필요는 없다. 천사는 우리와 그리 크게 다르지 않고 악령 앞에서는 떨면 더욱더 안 된다. 적군 앞에서 떠는 것과 같다.

4:16 영이 말하는 소리는 영적인 것이기 때문에 특별한 것일까? 아니다. 하나님께서 말씀하시는 것이 특별한 것이지 영이 하는 말이 특별한 것은 아니다. 영이 하는 말을 구분하지 못하고 그 목소리를 청종하는 자세는 옳지 못하다.
엘리바스는 영이 하는 말이기 때문에 그것이 권위를 가지는 것처럼 말하고 있다. 그러나 결코 그렇지 않다. 먼저 그것이 하나님의 계시인지 그렇지 않은지를 분별해야 한다. 그리고 하나님의 계시라 하여도 영으로 말씀하신다 하여 더 특별한 것은 아니다. 물론 욥 시대에는 성경이 없던 시대다. 그래서 하나님께서 영으로 하신 말씀이면 특별할 것이다. 그러나 기록된 성경이 있는 시대에 하나님께서 말씀하시면 그것은 일반계시다.
오늘날 신앙인에게 환상을 통해서 말씀하실까? 그렇다. 하나님께서 자신을 계시하시는 방법은 여러가지가 있다. 그 중에 환상도 하나다. 그러나 환상으로 계시하셨다 하여 그것이 특별계시인 것이 아니다. 그것을 일반계시라고 말한다. 오직 성경만 특별계시다. 하나님께서 직접 나타나시는 환상을 보았어도 그것은 특별계시가 아니다. 말씀으로 다시 조명되어야 한다. 조명되어 말씀에 합당하다 할지라도 그것이 말씀보다 더 특별한 것은 아니다. 환상을 보면 좋겠는가? 일반

책도 읽어야 하듯이 일반계시로서 환상도 보라. 그래도 여전히 그것이 특별계시는 아니라는 것을 알아야 한다. 특별계시인 말씀을 통해 더 많이 두려워하고 놀라면서 하나님을 만나야 한다.

4:17 하나님보다. '하나님 앞에서'로 번역해도 되는 구절이다. 나는 '하나님 앞에서'로 번역하는 것이 훨씬 더 낫다고 생각한다. 엘리바스나 어떤 누구도 욥을 욥이 스스로 하나님보다 더 의롭다고 생각한다고 판단하지 않는다. **의롭겠느냐.** 의로울 수 없다는 전제를 가지고 말한다. 그러나 욥기 앞 부분을 보라. 하나님께서 욥을 의롭다 말씀하신다. 하나님께서 의롭다 하시는데 대체 누가 의로운 사람이 아니라고 말할 수 있겠는가? '의롭다'하는 것은 완전한 모습을 두고 말하는 것이 아니다. 욥이 지금 자신의 아픔 때문에 그 이유를 찾으며 그것이 자신의 죄 때문은 아니라고 주장하고 있는데 그가 완전하다고 주장하는 것은 아니다. 그의 주장은 지금 '자신이 겪는 고난이 죄 때문은 아니라'는 것이다. 그의 주장은 옳았다.
사람이 어찌 하나님 앞에서 의롭겠느냐. 엘리바스는 그 구절을 환상 중에 들었기 때문에 욥에게 그대로 적용하여 '네가 하나님 앞에서 의롭다 말하는 것'은 틀린 것이다고 주장하고 있다. 그는 환상 중에 들었기 때문에 그것이 확실하다고 믿었다. 그러나 환상 중에 들었다고 권위를 더 갖는 것이 아니다. 환상은 천사나 하나님께서 직접 말씀하셨어도 일반계시다. 오늘날 사람들이 엘리바스와 같은 오류를 많이 범한다. 꿈을 꾸었기 때문에 확실하다고 믿는다. 환청을 들어서 '사람을 죽이는'경우도 있다. 모두 환상에 대한 과도한 신뢰다. 그것이 일반계시로서 늘 말씀의 조명을 받아야 하며 오류의 가능성을 가지고 있다는 것을 놓치지 말아야 한다.

4:19 흙 집. 인간의 육신은 '흙 집'과 같아서 쉽게 깨지고 무너진다. 하루살이의 작은 날개 짓에도 무너질 수 있다. 때로는 하루살이보다도 더 덧없기도 하다. 그러나 그것만은 아니다. 그의 그러한 주장은 분명 맞다. 그러나 사람은 하나님의 형상을 따라 창조되었고 우주보다 더

소중한 존재이기도 하다. 그러기에 나약함만 생각할 것이 아니다. 모든 것을 죄 때문이라 생각할 것이 아니다. 그렇게 절망하고 있기만 할 것이 아니다. 욥이 지금 고난을 당하는 것은 인간이 나약해서가 아니라 강해서 그렇다. 강하여 시험을 이기고 하나님의 사람으로 우뚝 설수 있기 때문이다. 하루살이의 날개 짓이 아니라 모든 것을 무너뜨리는 큰 파도가 내리쳐도 무너지지 않는 굳건함이 있다.
내가 경험한 바로는 환상은 '조력'이지 '주력'이 아니다. 내가 경험한 환상은 때로는 말씀을 더 확인하는 것이었다. 이미 말씀에 있는 것을 더 확인하면서 위로가 되기도 하였다. 그러나 만약 말씀이 아닌 것을 말한다면 그것은 거짓 환상이다.
예를 들어 나는 십여 년 전 힘들었던 하루 꿈에서 푸른 하늘에 있던 구름들이 갑자기 움직여서 하늘에서 구름 글자가 만들어진 것을 보았다. 영어로 선명하게 'I will come soon'이라는 글자였다. 주님이 곧 다시 오실 것이라는 것은 성경의 말씀에 있는 것이다. 그것을 꿈으로 개인적으로 확인해 주시면서 위로를 주셨다. 꿈에서 깨고 위로가 되었다. 그런데 만약 '내가 몇 년 몇 일에 다시 올 것이다'라는 구름 글자를 보았다면 나는 그것을 믿으면 안 된다. 성경에서 벗어난 것이기 때문이다. 다행히 그런 메시지는 없었다.
때로는 말씀을 개인적으로 잘 느끼지 못하다가 환상으로 더 확신을 갖게 되기도 한다. 그러나 환상이 말씀이 아닌 새로운 것을 전하는 것이라면 그것은 거짓이다. 그러기에 엘리바스처럼 환상이라고 더 권위를 두는 어리석음을 범하지 말아야 한다.

5 장

엘리바스가 고난에 대해 욥에게 충고한다.

5:1 네게 응답할 자가 있겠느냐. 아프다고 소리지르면 처음에는 누군가 관심을 가지기도 하지만 실상은 사람들은 다른 사람의 고난에 대해 그리 관심을 기울이지 않는다. 부모의 병에 대해서도 '긴 병에 효자 없다'는 말을 하는데 누가 남의 긴 고난에 대해 관심을 가지고 친절히 도움의 손을 내밀겠는가? **거룩한 자 중에 네가 누구에게로 향하겠느냐.** '거룩한 자'는 아마 천사와 같은 영적인 존재에 대해 말하는 것으로 보인다. 천사가 중재자 역할을 하기도 한다. 그러나 욥의 고난의 호소에 천사가 그렇게 대답하지도 않을 것이라 말한다.
엘리바스의 충고는 고난에 대한 일반적인 충고다. 그것은 맞는 말이다. 욥은 믿음의 사람이었지만 이러한 일반적인 충고에도 귀를 기울여 하나님의 계시를 들을 수 있어야 한다.

5:2 분노가 미련한 자를 죽이고. 분노는 미련한 자의 것이다. 분노하면 할수록 진리를 더 찾을 수 없기 때문이다.

5:6 재난은 티끌에서 일어나는 것이 아니며. '이유 없이 일어나는 일이 아니라'는 말이다. 사람에게 일어나는 고난은 이유 없이 일어나는 것은 없다. 그러나 또한 많은 경우 이유를 모른다는 것을 알아야 한다. 엘리바스가 놓치고 있는 부분이다. 모든 일에 이유가 있으나 우리는 그 이유를 끝내 모르는 경우도 많다.

5:7 사람은 고생을 위하여 태어났다. 아담과 하와 이후 사람은 모두 고생 가운데 태어났고 어떤 의미에서는 고생을 위해 태어났다. 어떤 누구도 고생에서 예외일 수 없다. 고생이 근본적이고 자연스러운 일이다. 그러기에 고난에 대해 그렇게 분노할 일은 아니다. 그것은 해가 뜨는 것을 보고 분노하는 것과 같다.

엘리바스의 말에 진리가 담겨 있는 것을 볼 수 있다. 그러기에 욥은 비록 엘리바스의 말이 잘못된 전제(모든 고난은 구체적인 죄에서 나온다)를 가지고 있지만 그럼에도 불구하고 귀를 기울여야 한다. 세상은 우리와 전제가 다르다. 그럼에도 불구하고 세상에도 귀를 기울여야 한다. 상식적인 말, 일반적인 좋은 말 안에는 하나님의 계시가 담겨 있다.

5:8 나라면 하나님을 찾겠고. 고난에서 아파하는 욥의 탄식 소리를 듣고 그는 탄식보다 '하나님을 찾는 것'이 더 좋다고 충고한다. 아주 좋은 말이다. 그러나 욥에게는 좋은 말이 아니다. 욥은 하나님을 망령되이 일컫는 것이 될까 봐 그의 탄식에서 하나님을 말하는 것을 참 조심한다. 그러나 엘리바스는 욥에게 하나님의 이름을 부르며 하나님을 찾을 것을 말한다.
하나님을 찾는 것은 매우 좋은 말이다. 그러나 사람은 때로 '탄식'이 필요하다. 장례식장에서 사랑하는 사람을 잃은 사람이 슬퍼할 때 '탄식하지 말고 천국에 가신 것을 기뻐하라'고 말하는 것은 신앙적인 말 같지만 그렇지 않다. 하나님께서 사람에게 탄식할 권리를 주셨다. 어떤 때는 탄식이 어떤 말보다 더 필요할 수 있다.
약복용에서 주의할 것이 부작용이다. 아무리 좋은 약도 부작용이 있다. 약을 처방하거나 복용할 때는 항상 부작용을 조심스럽게 다루어야 한다. 그것처럼 하나님을 찾는 신앙적인 일이라 하여도 아무 때나 하나님을 말하는 것은 좋지 않다. 부작용이 있으면 먹지 않은 만 못하다.

5:10 하나님께서 행하시는 것은 헤아릴 수 없다. 그 예로 3 가지를 말한다. **비.** 날씨에 대해 말한다. 하나님께서 날씨를 주관하신다. 그 이유를 다 헤아릴 수 없다.

5:11 낮은 자를 높이 드시고. 사람의 생사화복을 주관하신다. 그래서 낮은 자가 높아지기도 하고 애곡하는 자가 웃게 되기도 한다. 하나님께서 하시는 일이 신묘막측하다.

5:15 가난한 자를 구출하여 주시나니. 세번째는 심판에 대한 것이다. 하나님의 심판은 가난한 자를 구하시고 그들의 희망이 되신다. 그러기에 오늘 일어나는 일에 너무 낙심하지 말고 놀라운 하나님의 섭리와 통치를 신뢰하고 내가 가야 하는 길을 잘 가야 합니다. 하나님의 통치에 훈수두려고 하지 말아야 한다.
엘리바스는 자신이 말한 것에 대해 욥이 무지하지 않다는 것을 알 필요가 있었다. 욥은 자신이 아는 것이라 할지라도 그것에 대해 다시 생각해 보아야 한다. 둘 중에 엘리바스가 조금 더 생각을 해야 한다. 자신이 욥을 위로하고 충고한다고 꺼낸 말이다. 그런데 아는 사람에게 그것을 말하는 것은 마치 상대방이 그것을 모르는 사람이라고 훈계하는 것과 같다. 그래서 옳은 것을 가지고 상대방을 비방하는 것이 될 수 있다.

엘리바스는 욥에게 하나님의 훈련을 거절하고 가벼이 여기지 말아야 한다고 말하며 훈련 후의 복에 대해 말한다.

5:17 하나님께 징계받는 자에게는 복이 있나니. 하나님의 징계는 슬퍼할 것이 아니라 행복해하라는 말이다. 세우시기 위해 하나님께서 주시는 훈련이기 때문이다. 힘든 일을 당하였을 때 행복해할 사람이 있을까? '행복해할 사람이 없다'고 너무 단정하지 말아야 한다.
세상 모든 좋은 일에는 힘든 것이 따른다. 좋은 학교에 들어가기 위해 힘들게 공부해야 하고, 많은 돈을 벌기 위해서는 힘들게 일해야 한다. 핵심은 힘든지 쉬운지가 아니다. 그것을 통해 무엇을 얻는지가 중요하다. 좋은 것을 얻는다면 아무리 힘들어도 행복하다. 그렇다면 하나님께서 주시는 고난에서도 무엇을 얻는지 점검하고 잘 안다면 행복할 수 있지 않을까?

5:18 아프게 하시다가 싸매신다. 하나님께서 훈련시키시기 위해 고난을 허락하시지만 또한 그곳에서 구원하신다. 너무 힘들면 훈련을 멈추고 쉬게 하신다. 훈련은 자신의 한계를 더 높이는 것이기 때문에 한계까지 가기도 한다. 그러나 훈련은 사람을 죽이는 것이 아니라 강하게 하는 것이 목적이다.

5:19 여섯 가지 환난에서 너를 구원하시며 일곱 가지 환난이라도 재앙이 미치지 않게 하시며. 여섯, 일곱의 숫자는 많은 것을 의미한다. 아무리 많은 환난이 있어도 어떤 종류의 환난에서도 하나님께서 구원하실 것이다. 때로는 환난이 매우 커 보일 수 있다. 그러나 어떤 환난도 하나님께서 구원하지 못할 환난은 없다.

5:24 네 장막의 평안함을 알고. 엘리바스는 고난 뒤에 오는 복에 대해 언급한다. 하나님께서 회복시키셔서 결국 집안이 평안하고 재산이 채워질 것을 이야기한다. 진짜 그럴까? 엘리바스의 충고는 일반적인 이야기다. 그래서 좋으면서도 항상 한계를 가지고 있다. 하나님께서 고난당하는 그의 백성을 회복시키신다. 욥의 경우도 이후에 회복시켜 주신다. 그러나 항상 그런 것은 아니다.
모든 궁극적인 회복은 새하늘과 새땅에서 일어난다. 이 땅에서 다 회복된다는 말은 많은 오해를 낳을 수 있다. 어떤 사람들은 그 말 때문에 상처를 받기도 한다. 결국 회복되지 못하였기 때문이다. 이 땅에서의 회복은 천국 회복의 작은 약속일 뿐 진정한 회복은 오직 천국에서의 회복이다. 이 땅에서의 회복에 대해서는 보너스 정도로 생각해야 한다. 회복을 생각할 때는 늘 천국에서의 회복임을 기억해야 한다.
엘리바스는 회복을 너무 빨리 이야기하고 있다. 회복 전에 겪는 아픔에 대해 너무 간과하고 있다. 욥이 지금 아파 탄식하고 있는 것은 어쩌면 어떤 것보다 더 귀한 것이기도 하다. 이 땅에서의 아픔은 이 땅에서의 회복만큼이나 귀하다. 아니 어쩌면 더 귀하다. 욥의 아픔에 대해 간과하고 그의 아픔을 죄로 취급하며 아픔 뒤에 회복이 있으니 아파할 필요가 없다는 말은 '아픔에 대한 업신여김'이다.

6 장

욥이 엘리바스의 책망과 충고에 대답하는 내용.

6:3 바다의 모래보다도 무거울 것이라. 욥은 자신이 얼마나 심적으로 아프고 실제적으로 고난을 당하고 있는지를 말한다. 그의 괴로움(슬픔)이 바다 모래보다 더 무거울 것이라 말한다. 그렇게 힘들고 슬프기 때문에 어쩌면 다른 사람이 보기에는 '경솔'한 것처럼 보이는 말이 나올 수 있었음을 말한다. 그러나 욥이 지금 당하고 있는 아픔이 얼마나 큰지 안다면 욥의 표현을 조금은 이해할 수 있을 것이다. 사람들은 다른 사람의 아픔에 대해 이론적으로 생각하는 경향이 많다.

6:4 욥이 고난 가운데 가장 힘들어 했던 것 중에 하나는 그것이 하나님으로부터 왔다는 사실이다. **전능자의 화살이 내게 박히매.** 욥은 하나님께서 자신을 치셨다고 생각하였다. 사람들은 하나님의 주권 때문에 결국은 하나님께서 치셨다고 생각하는 경향이 있다. 그러나 하나님의 주권 가운데 있으나 사람이 죄를 범한 것을 하나님께서 범한 것이라 말하지 않는 것처럼 욥의 경우도 하나님의 치심으로 생각하면 안 된다. 욥은 계속 이 오해 가운데 있다. 그러한 오해는 욥의 마음을 더욱더 아프게 하였다.

6:5 들나귀가 풀이 있으면 어찌 울겠으며. 욥은 자신의 아픔과 탄식의 소리가 충분히 이유가 있다고 말한다. 당연한 이유가 있다는 것이다. 욥의 경우도 탄식의 소리가 이유가 있기 때문에 그것을 막을 것이 아니라는 주장이다. 욥의 탄식은 이유가 있었다. 탄식할 자격이 있다.

지금 욥은 탄식해야 할 때다. 탄식해야 할 이유가 있는 사람의 탄식을 가로막지 말아야 한다. 탄식할 이유가 있는 사람들은 충분히 탄식해야 한다.

6:9 나를 멸하시기를. 몸이 아프면 잠을 청한다. 그런데 길어지면 다음에 원하는 것은 더이상 시간이 없는 것이다. 죽음이다. 신앙인이 어찌 죽음을 간구할 수 있을까라고 생각할지 모른다. 그러나 참으로 아프면 죽음밖에 생각 안 난다. 오직 그것 만이 해결책이기 때문이다. 욥이 죽음을 간구하고 있다. 그러나 그는 그 곳에서도 선을 넘지 않았다. **하나님이 그의 손을 들어 나를 끊어 버리실 것이라.** 욥의 목숨을 '자신'이 끊는 것은 생각도 하지 않고 있다. 오직 '하나님의 손'이 끊기를 소원하고 있다. 천을 짜는 직공의 손에서 팽팽하게 있다가 그것이 이제 감당하기 어려우니 실을 끊어 이 땅에서의 삶이 정리되도록 간구하고 있다.

6:10 고통 가운데서도 기뻐하는 것은 내가 거룩하신 이의 말씀을 거역하지 아니하였음이라. 그가 고통 중에서도 기뻐할 수 있는 이유는 이전에도 그리고 지금 고통을 당하면서도 하나님 앞에 죄를 범하지 않았기 때문이다. 죄 가운데 있다면 죽음을 간구하기에 앞서 자신의 죄용서를 간구해야 할 것이다. 조금 더 생명을 연장해 달라고 말하고 죄 용서를 구해야 할 것이다. 그러나 그는 지금 죄 때문에 고통 당하는 것이 아님을 확신하였기 때문에 시간 연장이 아니라 죽음을 간구할 수 있었다. 참으로 고통스럽지만 아직은 정신을 차리고 생각할 수 있어 죄를 범하지 않고 있다. 그러니 더 아프게 되어 하나님을 원망하는 것 같은 죄를 범하지 않고 지금 죽음으로 생을 마친다면 말씀을 거역하지 않고 마칠 수 있으니 그것이 작은 위로가 되고 감사가 된다고 말하고 있다.
우리가 고통당할 때 우리도 욥처럼 이렇게 고백할 수 있었으면 좋겠다. '말씀을 거역하지 않았다'고 당당히 고백할 수 있고 행여나 지금 고통 가운데 있기 때문에 죄를 범하기 쉬운데 그래도 죄를 범하지 않도록 간구하는 것을 더 중요하게 여기는 그런 자세를 가졌으면 좋겠다.
나도 그것이 작은 걱정이다. 혹시 내가 나이가 먹어 치매가 와서 예배를 제대로 안 드리고 하나님을 부정할까 봐 염려가 있다. 물론 병이기 때문에 하나님께서 용서하시겠지만 그래도 이 땅에 사는 동안 나에게 그런 일이 없기를 간구한다. 끝까지 하나님을 뜨겁게 사랑하고 예배하다가 죽는 것이 소원이다. 욥의 고통 중의 소망이 우리의 소망이 되며 우리도 그렇게 소망할 수 있기를 소원한다.

욥이 자신을 책망하는 엘리바스에 대해 대답.

6:14 동정. 히브리어 '헤세드'다. 친구라는 우정을 바탕으로 한 서로의 신뢰관계를 의미한다. 친구라면 그렇게 변함없는 신의를 가지고 있어야 한다. 그런데 욥이 볼 때 엘리바스가 신의를 버린 것으로 보였다. 친구라면 친구(욥)가 하나님을 경외하지 않는 것처럼 보여도(자신의 판단에) 친구라는 우정을 바탕으로 조금 더 지켜봐주고 믿어주는 것이 필요하다고 말하고 있다. 친구(욥)의 말을 이해하려 하고 믿어주는 것이 필요하다.

6:15 개울. 이스라엘의 '와디'를 번역한 단어다. 와디는 간헐천이다. 우기에는 많은 물이 흐르는 강이 되지만 건기에는 물이 전혀 없는 강이다. 친한 친구라고 하는 엘리바스가 하는 말을 보니 완전 와디(간헐천)와 같다고 말한다.
엘리바스는 욥을 잘 알고 있었다. 욥이 어떤 사람인지도 알고 있었다. 엘리바스는 이전에 욥을 이렇게 대한적이 없다. 욥을 향하여 그렇게 말한 적이 없다. 지금 욥과 엘리바스 사이에 아무것도 일어난 것 없으나 엘리바스의 말이 바뀌어 있었다. 욥이 다른 행동을 한 것이 아니다. 단지 고난을 받고 있을 뿐이다. 엘리바스가 이전에는 욥을 매우 칭찬하였을 것이다. 그런데 지금은 비난하고 있다. 간헐천 같은 모습이다. 신의가 없는 모습이다. 그가 보지 않았고 알지 못하면서 단지 욥이 지금 고난 받고 있는 사실 하나만으로 욥에게 죄가 있을 것이라고 몰아 부치고 있으니 그것은 친구에 대한 예의가 아니다. 신의가 없는 것이다.

6:22 내가 언제 너희에게 무엇을 달라고 말했더냐. 욥이 그들에게 무엇을 요구하는 것이 아니다. 그는 친구들에게 이전처럼 친구로 있기를 바랄 뿐이다. 욥은 지금 고난 받고 있지만 그들에게 다르게 행동하지 않았다. 그런데 친구들은 욥이 고난자라고 다르게 대하고 있다. 고난 받는 사람들은 세상에서 갑자기 죄인이 되곤 한다. 무엇을 달라고 한 것도 아닌데 마치 구걸하는 사람처럼 본다. 고난 받는 사람이 되었다고 죄인은 아니다.

6:24 나의 허물된 것을 깨닫게 하라. 욥은 엘리바스가 공평하게 욥의 죄를 지적하고 말하는 것이 아니라 불공평하게 책망하고 있다고 생각하였다. 추측이나 주관성이 아니라 객관적으로 말해보라고 말한다. 공평하게 욥의 죄를 살피고 죄를 지적하라고 요구한다.

6:25 옳은 말이 어찌 그리 고통스러운고. 옳은 말은 시원함이 있어야 한다. 그런데 엘리바스의 옳은 말이 욥에게 고통스러웠다. 왜 그럴까? 욥에게 적합한 말이 아니었기 때문이다. 엘리바스의 말은 분명 옳았다. 그러나 욥에게 해당하는 말은 아니었다. 욥의 친구는 '욥을 책망'하였으나 번지수가 틀렸다.

6:26 꾸짖을 생각. 욥의 친구들은 '꾸짖을 생각'만 하고 있었다. 그래서 욥의 말은 '바람에 날아가는' 가벼운 말처럼 취급하였다. 왜 그럴까? 욥이 지금 고난받고 있기 때문이다. 그들은 욥이 고난받는다는 사실 때문에 욥을 무시하였다. 고난 받는 자는 그렇게 무시 받을 때가 많다.

6:27 고아를 제비 뽑으며. 이것은 고아를 사이에 두고 서로 누가 소유할지를 제비 뽑는 것을 묘사하는 것으로 보인다. 고아라고 자기

멋대로 하는 것이다. 욥이 보기에 그의 친구들이 자신을 두고 함부로 말하는 것은 자신이 약자이기 때문에 그런 것으로 보였다. 사실 그랬다. 욥이 지금처럼 고난 받는자가 아니었으면 그들은 결코 지금처럼 말하지 않았을 것이다. 욥이 고난 받는 자가 되어 약자가 되니 자신들이 생각하는 것을 함부로 말하고 있다.

7 장

욥이 인생과 고난에 대해 말하고 있는 내용이다. 앞 부분에서 욥은 친구들에게 '고난을 받는 사람'이 '죄인'인 것은 아니라 하였다. 사실 인생이란 본질적으로 고난이다. 그 고난 중에 때로 조금 더 힘든 고난이 있고 사람들이 고난이라고 부르는 고난이 있는 것일 뿐 인생은 사실 고난으로 가득하다. 그러기에 어떤 특별한 고난을 죄악시하거나 죄인 취급해서는 안 된다.

7:1 힘든 노동. 이 땅에서 살아가는 인생을 상징적으로 '힘든 노동'과 '품꾼의 날'로 말한다. '힘든 노동'은 주로 군사적 용어로 사용되는데 여기에서는 2 절과 같이 연관해서 생각해보면 '종'과 연결된 단어로 '강한 의무'를 말하기 위해 사용하였다.

7:2 저녁 그늘을 몹시 바라고. 종이 한낮의 뜨거운 햇빛 아래에서 일할 때 저녁 그늘을 기다리는 마음. 인생은 수많은 의무로 가득하다. 아기가 눈을 뜨자마자 잠을 더 자고 싶은데 어린이집에 가야 하고 학생들이 놀고 싶은데 학교에 가야 한다. 직장인들은 쉬고 싶은데 일해야 한다. '저녁 그늘'은 중간중간 잠시 있다. 주말이 되어 학교에 가지 않고 공휴일이 되어 놀러가면 그것을 매우 감사해야 하는 그런 처지가 되었다. 언제나 의무에서 벗어날 수 있을까? 의무에서 벗어나

여행도 하고 쉬어도 되는 때가 되면 이제 몸이 성한 곳이 없고 늙어 쉬지못한다.

품꾼은 그의 삯을 기다리나니. 인생은 '품꾼의 날'과 같다고 말한다. '삯을 기다리며' 사는 인생이다. 일보다 '삯'에 조금 더 초점을 맞추어 생각해 볼 수 있다. '원함'이다. 인생은 수많은 '욕심'으로 가득하다. 사실 안 해도 되고 조금 쉬어도 되지만 원하는 것이 많아 그렇게 하지 않는 사람이 대다수다. 일주일에 주말이 있지만 그 주말마저 원하는 것이 더 많아 쉬지 못한다. 공휴일에도 원하는 것을 조금 더 채우고자 일한다. '월화수목금금금'의 인생을 사는 사람들이 얼마나 많은지. 부족해서(의무라서)가 아니라 '원함이 많아서'이다.

7:3 고달픈 밤. 욥은 육신의 고통으로 인해 여러 달째 '고달픈 밤'을 보내고 있다고 말한다. 육신이 아파 잠을 못 잤다. 아파서 잠을 자지 못해 본적이 있는가? 참으로 큰 고통이다. 아마 다 그런 때가 생각날 것이다. 인생은 그런 때가 있다.

7:4 이리 뒤척 저리 뒤척. 욥의 모습이 나의 아파 고달팠던 때를 떠오르게 한다. 그러한 아픔으로 잠을 이루지 못한다는 것은 참으로 끔찍하다.

7:5 피부가 곪아 터지는. 질병으로 욥은 고생하였다. 그것이 인생이다. 특별한 죄가 있어서 가 아니라 모든 사람이 인생을 살다 보면 그런 때가 있다. 고달픔의 연속이다.

7:6 베틀의 북. 옷감 짤 때 사용하는 도구다. 길쭉한 것도 있고 보통 손 크기로 배 모양으로 되어 있다. 그것을 좌우로 열심히 움직여 옷감을 만든다. 인생이 그렇게 열심히 움직인다. 그런데 그 끝은 허무하게 끝난다. 베틀의 북은 옷감이라도 남기는데 인생은 그렇지 못할 때가 많다. 날이 갈수록 몸도 마음도 더 쇠약 해진다. 나이가 많아 '희망'이 더 샘솟는 사람을 보았는가? 사실 신앙인은 그래야 한다.

몸이 쇠약해지면서 더 강인해지는 그 날을 소망하며 눈이 안 보이면 더 밝은 눈으로 하나님을 보게 될 때 그때를 소망해야 한다. 그러나 보통 사람들은 그렇지 않다. 희망이 꺾인다.

7:7 내 생명이 한낱 바람 같음. 바람은 '입김'을 의미한다. 정처 없이 떠돈다는 의미가 아니라 한 번 숨 쉬면 끝나듯이 끝나는 짧은 인생을 말한다. 그렇게 짧게 지나가는 인생이다. 인생이 살다 보면 긴 것 같지만 다 살고 보면 바람 같다. 그렇게 짧은 인생 안에 우리는 이것저것을 채운다. 길게 늘여 놓으면 이것저것 다양한 많은 것이 있는 것 같으나 짧게 뭉뚱그려 보면 참으로 별 것 없는 인생이다. 고난도 살고 보면 그리 다른 인생이거나 특별히 큰 것이 아니다. 살고 보면 지나고 보면 그렇다.
나는 이 본문에서 '인생을 빠르고 짧다'고 묵상하고 있는 욥의 고백이 참 대단하다는 생각을 한다. 욥은 지금 자신이 너무 아파서 하루 종일 아픔만 생각하니 시간이 안 가는 때다. 하루 저녁을 이리 뒤척 저리 뒤척이면서 더디 가는 때다. 하루 저녁이 천 년 같이 긴 때다. 너무 아프고 길어서 하나님께서 자신의 생명을 앗아 가시길 기도한다. 그런데 인생의 궁극적인 면인 빠름과 짧음을 묵상하면서 이야기한다는 것이 참으로 대단하다고 생각한다. 인생 전반을 생각하니 그런 통찰이 나오는 것이며 지금 이 순간에는 자신의 아픔보다는 인생에 대한 거대 시각적 통찰을 하고 있다.

7:11 내 영혼의 아픔 때문에 말하며. 그는 극심한 고통 때문에 결국 해답을 갖고 계신 하나님께 입을 열었다. **내 마음의 괴로움 때문에 불평하리이다.** '불평'이라고 번역한 단어는 '묵상하다'로 제일 많이 사용하는 단어이며 그래서 꼭 '불평하다'로 번역하기 보다는 다른 번역이 더 나을 것 같다. 탄식 가운데 웅얼거리고 있는 것이다. 하나님께 무엇인가라도 말해야 할 것 같은 답답한 마음에 말하고 있다. 탄식이다.

7:12 내가 바다 괴물이니이까. 자신에게 주어진 고난이 마치 하나님을 대적하였던 바다괴물을 대하듯이 크다고 느꼈기 때문이다.

7:13 혹시 내 잠자리가 나를 위로하고. 이 땅에 깨어 있는 동안 힘들면 꿈에서 라도 위로가 있으면 좋을 텐데 하고 소망하였을 것이다. 그런데 욥은 꿈을 통해 위로를 받았을까?

7:14 꿈에서 나를 놀라게 하시고. 꿈에서조차 그의 고난이 이어졌다. 고난이 가중되었다.
나는 개인적으로 꿈에서 위로를 받은 적이 많다. 힘들면 자주 하나님께서 꿈에서 답을 주셨고 위로를 주셨다. 그런데 어떤 때는 꿈에서도 대답하지 않으셨다. 그러면 힘들었다. 그런데 욥은 꿈에서도 고난이 이어졌다. 하나님의 작은 위로조차 없었다. 하나님께 위로를 듣지 못하면 참 많이 힘들다. 욥은 그렇게 고난이 컸다.

7:16 나를 놓으소서. 유일한 희망인 하나님으로부터 위로의 작은 구름조차도 보이지 않으니 더이상 어디에 하소연할 곳이 없었다. 그래서 죽음으로 모든 고난이 끝나기를 바라고 있다. 때로 죽음이 유일한 탈출구처럼 보일 때가 있다.

7:17 사람이 무엇이기에. 하나님께서 사람에게 고난을 주고 훈련시키시는 것도 힘든 일이다. 사람이 대체 무엇이기에 하나님께서 사람에게 마음을 쓰시고 훈련시키시는 지 묻고 있다.

7:18 권징. 사람들은 작은 고난에도 '훈련'을 싫어한다. 그런데 욥은 극단적 고난에서 너무 힘들어하면서 하나님의 관심과 훈련을 생각하였다. 차마 말을 못하고 '나 훈련이 너무 힘들어요'라고 말하고 있는 것 같다. '나를 너무 과대평가하고 계신 것 아닌가요?'라는 마음도 보인다. 제발 자신에게 관심을 끄셔서 이런 고난이 없었으면 하는 마음이다.

7:19 눈을 돌이키셔서. 하나님께서 그에게 고난을 주고 계시니 잠시라도 하나님의 관심 밖으로 놓여 그가 고난에서 놓이기를 바라고 있다. 욥은 이것이 하나님의 훈련인 줄을 알았지만 너무 힘들었던 것이다.

7:20 내가 범죄하였던들 주께 무슨 해가 되오리이까. 사람의 죄가 하나님께는 지극히 작은 것인데 왜 그리 크게 관심을 가지고 계시는지 묻고 있다. 게다가 욥의 죄는 자신이 아무리 생각해도 특별하게 생각나지 않기에 있어도 작은 죄일 텐데 말이다.
사람의 죄가 하나님께 해는 안 된다. 그러나 하나님께서 사람의 죄를 얼마나 아파하시는 지에 대해서는 욥이 놓치고 있다. 물론 그의 고난이 참으로 크니 탄식으로 하는 말로서 논리적인 해답을 요구하는 것이 아니지만 말이다.

7:21 어찌하여 내 허물을 사하여 주지 아니하시며 내 죄악을 제거하여 버리지 아니하시나이까. 근본적으로는 자신의 허물과 죄악이 자신의 고난을 가져온 것임을 알고 있다. 그러나 그것을 왜 용서하지 않으시고 이렇게 고난이 이어져야 하는지 욥은 궁금해하며 탄식하였다. 작은 자의 기억도 못하는 작은 죄를 왜 용서하지 않으셔서 이렇게 계속 고난을 받아야 하는지 궁금해하며 탄식하고 있다.

8 장

욥의 친구 빌닷이 욥을 처음으로 책망하는 내용.

8:2 거센 바람. 욥의 말에 대한 평가다. 매우 효과적인 것 같으나 실상 내용은 없는 말이라는 뜻이다. 그만큼 욥의 말이 정당하게 들렸으나 자신이 평가하기에는 내용이 없는 것이라는 비난의 말이다.

빌닷은 욥의 말을 반대로 평가하고 있다. 욥의 말이 처음에 효과적으로 들렸다면 왜 그러한 가 생각해 보았어야 한다. 그의 말이 속 빈 강정이라고 생각된다면 왜 속 빈 강정인지 판단의 근거를 잘 살펴야 했다. 그의 판단의 근거는 정의와 하나님의 심판(공의)에 대한 오해였다.

8:3 하나님이 어찌 정의를 굽게 하시겠으며. 하나님은 결코 공의와 정의를 놓치지 않으실 것이라는 말씀이다. 이것은 누가 말한다 하여도 맞는 말이다. 그런데 욥이 이것을 1%가능성이라도 의심하고 있는 것은 결코 아니다. 그런데 이것을 말하는 빌닷의 의도가 무엇일까?

8:4 하나님의 공의와 정의를 말하는 빌닷의 의도는 아주 고약하고 무례합니다. **네 자녀들이 주께 죄를 지었으므로 죄에 버려두사**. 욥의 자녀들이 죽은 것은 그들이 죽을 만한 죄를 지었기 때문이라 말한다. 아주 잘못된 주장이다. 아주 무례한 주장이다. 누군가의 자식이 갑자기 죽었는데 그 앞에서 '자네 자식은 죽을 죄를 지은 거야'라고 말한다면 얼마나 무례한 말인가? 혹 진짜 죄 때문에 죽었을 수도 있다. 그러나 자신이 하나님도 아니면서 그렇게 쉽게 말한다는 것은 아주 큰 잘못이다. 하나님의 공의와 정의를 가지고 사람을 죽이는 아주 잘못된 경우다.
욥의 자식들은 그들의 죄 때문에 죽은 것이 아니었다. 욥의 이야기의 시작과 배경을 전지적 작가 시점으로 아는 우리는 욥의 자녀들이 죄 때문에 죽은 것이 아니라는 것을 안다. 그런데 빌닷은 하나님의 공의와 정의라는 참으로 위대한 진리를 가지고 욥을 때리고 있다. 빌닷이 하나님의 공의와 정의를 말하며 욥을 책망하고 있지만 실제로 하나님의 공의와 정의를 무너뜨리고 있는 것은 빌닷이다. 그것도 아주 나쁘게 무너뜨리고 있다.

8:5 네가 만일 하나님을 찾으며. 빨리 회개하라는 말이다. 그러나 욥이 지금 하나님을 안 찾고 있을까, 지금 청결하지 못하고 정직하지

못하여 이런 일이 일어났나? 결코 아니다. 빌닷은 회개라는 꽃으로 욥을 때리고 있다. 아주 가슴 아프게 때리고 있다.
회개는 참으로 좋은 말이다. 귀한 말이다. 그런데 회개가 이렇게 사용되면 가장 아픈 단어가 된다. 돌이킬 것이 없는데 강요된 회개는 사람의 마음만 아프게 할 뿐이다. 물론 원론적으로 회개할 것이 없는 사람이 어디 있겠는가? 그러나 그렇게 말하면 빌닷이나 누구나 마찬가지다. 빌닷이 지금 그렇게 말하고 있는 것은 욥만이 가지고 있는 아주 큰 죄가 있다는 것을 전제로 하는 말이다. 그런 죄가 없는데 그런 죄를 전제하고 회개를 강요하고 있다. 그러니 욥의 마음은 고난에 더해 하나님 앞에 큰 죄인이 되어버리는 것이다. 강요된 죄인이 된 것이다.

8:7 시작은 미약...나중은 심히 창대. 한국인이 가장 좋아하는 말씀이지 않을까. 액자에 많이 사용하는 말씀 구절이다. 사업을 시작할 때 작은 사업체가 큰 사업체가 되기를 바라는 마음을 전하는 구절로 사용한다. 그러나 그런 의미로 사용하면 말씀이 아니다. 빌닷은 이 구절을 왜 말하였나? '회개'를 촉구하기 위해 한 말이다. 회개하기만 하면 이렇게 변할 것이라는 말이다. 회개하기만 하면 '나중은 심히 창대'하게 될 것이다. 그렇게 창대하게 되어 '시작' 즉 이전에 욥이 창대하였던 모습이 '초라하게'보일 정도가 될 것이다. 회개하면 이전보다 훨씬 더 번성하게 될 것이라는 내용이다.
사업장에서 이 말씀이 빌닷의 의도대로 사용된다면 '회개를 촉구'하는 책망이다. 그것도 망한 사업체에 가서 회개를 촉구해야 정확히 들어맞을 것이다. 그러나 그렇게 되면 빌닷이 욥에게 그러한 것처럼 그 사람에게도 회개라는 꽃으로 그 사람을 때리는 결과가 될 경우가 많을 것이다.

8:8 너는 조상들이 터득한 일을 배울지어다. 이 세상에서 살아가면서 배우려 하면 '세상에 사는 날이 그림자와 같이' 빨리 자나 가기 때문에 축척 된 지혜를 배워야 한다고 주장한다. 하나님의 뜻을 구별할 때

일반 계시의 하나는 '조상의 지혜'다. 역사를 통해 하나님의 뜻을 구분할 수 있다. 그러나 그것이 온전한 근거는 될 수 없다.

8:11 빌닷은 욥이 틀렸다는 것을 말하기 위해 세 가지 비유를 예로 들었다. **왕골**. 왕골과 갈대는 물 없는 곳에서는 제대로 자랄 수 없다. 그것처럼 욥이 잘 자라다가 지금 고난을 만난 것은 무엇인가 부족하기 때문이라 주장한다.

8:13 하나님을 잊어버리는 자. 욥이 하나님을 잊어버려 물 없는 갈대처럼 시든 것이라고 주장한다.

8:14 거미줄. 거미줄과 돌무더기 위에 심겨진 나무에 대해서도 말한다. 무너지는 것은 다 이유가 있다는 주장이다. 너무나 자명한 사실이다. 그러니 욥이 지금 무너진 것도 너무나 자명하게 그가 의지하지 말아야 할 것을 의지하고 있는 것이며 문제가 있기 때문이라고 말한다. 이유 없는 결과는 없기 때문이다.
인류의 지혜는 원인을 찾아 고쳐서 좋은 결과를 만드는 일에 아주 유익하게 잘 사용되고 있다. 자연이치는 원인을 잘 찾음으로 더 많은 농작물을 얻게 되었고 더 좋은 결과를 얻게 되었다. 그런데 빌닷은 인류의 지혜가 얼마나 많은 제한을 가지고 있는지를 잘 모르고 있었다. 그가 판단하고 있는 것처럼 욥은 무엇인가 문제가 있기 때문에 문제가 생긴 것이 아니다. 욥의 문제는 인류의 지혜로 해결할 수 있는 문제가 아니었다. 보편적 상식으로 사람을 몰아붙이지 말아야 한다. 세상을 보라. 얼마나 특수한 상황이 많은가? 원인과 결과라는 것으로 해결할 수 없는 수많은 것이 있다. 세상의 지혜를 많이 배우면 배울수록 오히려 모르는 것이 더 많다는 것을 알게 된다.

8:20 순전한 사람을 버리지 아니하시고. 선한 사람을 붙들어 주시고 악한 사람을 심판하신다는 말이다. 맞다. 그러나 그가 그렇게 말할 때

전제가 틀렸다. 그는 지금 욥이 고난을 받고 있는 것을 보니 악인이라고 판단을 하고 있다. 욥이 악인일까?
세상은 승자에 대해 우호적이다. 그래서 역사는 승자의 기록이라고 말하기도 한다. 오늘날을 보아도 사람들은 승자에 대해 우호적이다. 비굴하기까지 할 정도로 칭찬한다. '꿩 잡는 것이 매'라고 사람들은 세상에서 승자에 대해 '매'라고 칭찬한다. 훌륭한 사람이라는 타이틀을 준다. 패자는 어리석은 사람이며 때로는 악한 사람이다. 선을 권하고 악을 책망하기 위해 세상은 결국 '선한 사람이 이긴다'고 말한다. 그런데 이것을 역으로 말하면 '이긴 사람은 선한 사람이다'가 된다. 그래서 선한 사람이 되기 위해 이겨야 하는 모순이 생긴다.
진정한 성공과 실패는 하나님께서 결정하신다. 세상의 성공과 실패가 기준이 아니다. 진짜 성공과 실패는 천국의 관점에서 보아야 한다. 세상 관점에서의 성공과 실패는 전혀 중요하지 않다. 지금 욥은 세상적인 모습으로는 완전히 실패한 모습이다. 그러나 천국의 입장에서는 가장 성공하고 있는 사람이다. 빌닷이 그렇게 함부로 말해도 되는 사람이 아니다. 혹 욥이 이후에 다시 회복하지 못하고 죽는다 할지라도 욥은 성공한 사람이다. 세상에서 잘 먹고 잘 살고 있는 사람이 성공한 것이 아니다

9 장

빌닷의 충고에 욥이 대답.

9:2 이 말은 어떤 면에 있어서는 유일하게 빌닷에게 대답한 말이다. 오직 하나님만이 정의로운 분이며 모든 사람은 하나님 앞에 서면 '의로울 수 없음'을 말한 빌닷의 말에 호응하며 그것을 자신도 잘 알고 있다고 말한다.

9:3 천 마디에 한 마디도. 만약 사람이 하나님과 변론하고자 한다면 천 번의 말씀에 한 번도 제대로 반박하지 못할 것이라 말한다. 한 마디로 하나님의 옳으신 말씀 앞에 '찍소리도 못한다'는 말이다.

욥은 15 절부터 하나님을 향한 개인적인 하소연과 탄식을 한다. 마치 하나님과 법정 다툼을 하듯이 말한다. 만약 앞 부분 없이 그런 말을 하였다면 그가 하나님을 경외하지 않는 것처럼 보였을 것이다. 그러나 그가 그렇게 주장하는 것은 앞 부분의 전제가 있다. 변론하는 것이 아니라 단지 그의 하소연이다. 욥은 자신이 하나님과 소송해도 전혀 게임이 안 된다고 고백하고 있다. 하나님은 절대적으로 옳은 분이기 때문이다. 절대적으로 옳은 분에게 무엇을 따지거나 소송을 한다는 것은 말도 안 된다.

우리는 옳으신 하나님을 믿는다. 우리의 모든 생각을 넘어 옳으신 하나님을 믿는다. 투정도 부리고 하소연도 하기는 하지만 여전히 우리의 마음 속 깊은 곳에서는 하나님께서 절대적으로 옳으시다는 것을 믿는다. 그래서 고난 가운데서 평안할 수 있다.

9:5 산. 고대인들에게 '산'은 가장 안전하고 변함없는 것이다. 그런데 전능하신 하나님께서는 순식간에 산을 이쪽에서 저쪽으로 옮기게 하시고 아예 무너지게 하시는 분임을 고백한다. 세상의 어떤 것이 당연한 것이 있겠는가? 하나님의 힘 앞에서는 어떤 것도 당연하지 않다. 오직 하나님의 힘만이 가능하게 하시는 것이다.

9:7 해. 사람들은 해와 별을 신처럼 떠받들었다. 그러나 그러한 것은 오직 하나님께서 창조하셨고 통치하신다.

9:10 측량할 수 없는 큰 일. 하나님께서 전능하신 분이기 때문에 어떤 큰 일도 어떤 기이한 일도 벌어지지 못하는 것은 없다. 전능하신 하나님께서 이 땅에 크고 놀라운 일들이 일어나게 하신다. 우리의 삶에서도 그렇다. 고난 받는 자의 삶에서도 그렇다.

9:11 욥은 고난을 당하면서 사람의 처절한 모습을 더욱더 실제적으로 느끼며 고백한다. **그가 내 앞으로 지나시나 내가 보지 못하며.** 욥은 이전에 샬롬 가운데 있을 때 하나님과 친밀한 교제를 하였을 것이다. 하나님을 알고 느끼며 교통하였을 것이다. 그런데 지금 고난의 때에 하나님과의 교통이 단절된 것을 느끼고 있다. 그가 아무리 불러도 대답하지 않는 하나님. 기도하여도 친밀하게 느껴지지 않는 하나님을 경험하고 있다. 그래서 아파한다.
그런데 근본적으로 생각해보니 그가 지금 하나님과 교통하지 못하는 것이 어찌 보면 더 인간의 본질적인 모습이다. 사람이 어찌 하나님과 만나며 하나님을 깨달을 수 있겠는가? 사람은 하나님과 비교하면 먼지보다 못하다. 먼지가 대체 무엇을 알 수 있고 할 수 있을까?

9:12 하나님이 빼앗으시면 누가 막을 수 있으며. 우리가 무엇을 한다고 '먼지'가 그리 하지 마라고 할 수 있을까? **무엇을 하시나이까.** 물을 수 있을까? 할 수 없다. 사실 우리는 하나님 앞에 먼지보다 더 작은 존재다. 사람이 대체 무엇을 할 수 있겠는가?

9:13 라합. 애굽에 대한 상징(시 87:4)으로 사용하기도 하지만 여기에서는 고대의 신화적 바다 괴물로 보는 것이 맞을 것 같다.

9:14 사람은 악령의 작은 세력(라합을 돕는 자) 앞에서도 무서워 벌벌 떨면서 하나님께는 고개를 빳빳이 세우는 경향이 있다. 바람이 조금만 세게 불어도 날아갈 존재이면서 하나님 앞에서는 말을 함부로 한다.

9:15 내가 의로울지라도 그에게 간구할 뿐이라. 자신이 아무리 옳다 할지라도 하나님 앞에 그것이 대체 무엇을 의미하겠는가? 먼지가 자신이 조금 더 모양이 좋다고 하나님 앞에 자랑할 수 있겠는가? 의로워도 도토리 키재기일 뿐이다. 먼지일 뿐이다. 욥은 자신이 말할 수 있는 것은 의로움이 아니라 자비를 '간구'하는 것일 뿐임을 말한다.

9:16 내 음성을 들으셨다고는 내가 믿지 아니하리라. 이 고백처럼 높고 높으신 하나님께서 낮고 낮은 우리의 말을 설마 들으셨다고 생각할 수 없음을 말한다. 어떻게 하나님께서 나의 말을 들으시고 응답 하실까? 우리는 먼지보다 못한 존재인데 말이다.

9:17 까닭 없이. 욥이 생각하기에 분명히 '까닭 없이 상처'를 받고 있다. 그는 숨쉴 틈도 없이 '괴로움'으로 채워지고 있다. 그러나 그것이 부당할까? 우리가 밭에서 벌레를 만나면 낫으로 친다. 배추를 먹는 벌레를 보면 약을 뿌린다. 아마 벌레는 부당하게 행동하고 있는 것이 아닐 것이다. 어느 날 까닭 없이 맞는 농약세례일 것이다.

9:19 힘으로 말하면 그가 강하시고. 세상에서는 아주 조금만 힘이 더 있어도 횡포를 부린다. 돈 조금 더 있는 사람 앞에 비굴해지기도 한다. 그런데 전능한 하나님 앞에서 사람이 철저히 낮아지는 것이 무엇이 문제일까? 사람이 에덴 동산을 떠난 이후 하나님 앞에 선 사람은 벌레다.
심판으로 말하면 누가 그를 소환하겠느냐. 옳고 그름을 따져보면 절대 선하신 하나님 앞에서 사람은 벌레보다 못하다.

9:20 내가 의로울지라도. 사람들은 평소 욥을 '의롭다' 칭찬하였다. 설령 그것이 맞는 말 이어 욥이 꽤 괜찮은 사람이요 경건한 사람이라 하여도(이것은 하나님께서도 인정한 것이다) 욥은 그것이 벌레보다 더 나은 모습일까를 생각하고 있다. 그래도 하나님 앞에서는 벌레보다 못하다. 사람들이 보기에는 의로울지 몰라도 하나님 앞에서는 어찌 벌레보다 나을까? **내 입이 나를 정죄하리니.** 완전 거룩하신 하나님 앞에서는 수많은 죄만 보일 것이다. 자신의 입으로 실토할 수밖에 없는 벌레만도 못한 모습을 말할 수밖에 없을 것이다.

9:21 내 생명을 천히 여기는구나. 욥은 사람이 보기에는 '온전하다'할 수 있을지 몰라도 실제로는 벌레보다 더 멸시받을 '천한' 모습인 것을

고백한다. 하나님 앞에 선 우리는 참으로 많은 죄로 가득하다. 그래서 참으로 멸시받아 마땅하다. 벌레보다 더 징그럽고 더 천하고 더 더럽다.

9:22 하나님이 온전한 자나 악한 자나 멸망시키신다 하나니. 사람이 보기에는 온전한 자와 악한 자가 있다. 그러나 거룩하신 하나님 앞에 서면 모두 벌레일 뿐이다. 벌레 중에 조금 더 징그러운 벌레가 있을 수 있으나 벌레는 벌레일 뿐이다. 벌레가 대체 무엇을 말할 수 있을까?

9:23 무죄한 자의 절망도 그가 비웃으시리라. 그가 스스로는 무죄하다 할지 모르지만 실제로는 그는 벌레이기 때문이다. 벌레가 자신은 조금 덜 징그럽다고 말하니 헛웃음만 나올 뿐이다. 자신은 배추를 조금 먹었다고 말하니 웃긴다. 지렁이가 자신은 조금 더 징그럽게 생겼다고 말하니 비웃음만 나온다. 이것이 하나님을 떠나 살고 있는 인간의 모습이다. 천국 밖에 있는 모든 사람의 운명이며 현주소다.
욥이 하나님을 떠난 인간의 비참함을 표현하고 있는 것을 보았다. 그는 고난 가운데 있다. 고난은 하나님을 떠났기에 겪게 된 대표적인 것이다. 그러기에 고난을 받으면 하나님을 떠난 인간의 모습이 더 드러난다. 하나님을 떠난 인간, 하나님께서 돌보지 않으시는 인간은 철저히 먼지보다 더 존재감이 없고 벌레보다 더 추한 존재다.
사람은 스스로 하나님 앞에서 마치 먼지보다 더 나은 것처럼 여겨서는 안 된다. 벌레보다 더 나은 것처럼 행동해서는 안 된다. 어떤 일을 하고 있어도 마찬가지다. 오직 하나님께서 구원하셔야(붙잡아주셔야) 귀한 존재가 된다. 하나님의 손으로 인하여 말로 형용할 수 없는 귀한 존재가 된다.

9:25 경주자보다 빨리. 그는 자신의 인생 시간이 '달리기 선수의 빠르기'보다 더 빨리 지나가고 있음을 말한다

9:26 빠른 배. '갈대로 만든 배'와 먹이를 낚아채려는 독수리의 급강하를 비유로 추가하면서 인생이 빠르게 가고 있음을 강조하여 말한다. 욥은 지금 육신이 매우 아파서 밤마다 고통스럽게 뜬 눈으로 지새는 날이 많던 시기다. 그런데 그는 왜 그렇게 인생이 빠르다고 말하고 있을까? 고난의 때가 그렇다. 순간 순간은 참으로 안 간다. 하룻밤이 10 년처럼 느껴진. 그러나 1 달 1 년은 쉽게 간다. 그 기간 동안 한 것이 없기 때문이다. 오직 고통만 겪다가 지나갔기 때문이다. 욥에게 있어 그 시간이 참으로 빠르게 지난 이유는 '죄' 문제 때문이었던 것으로 보인다. 그의 문제가 해결되지 않고 시간이 가고 있기 때문에 시간이 빠르게 지나가는 것으로 느꼈던 것 같다. 가장 중요한 문제가 해결되지 않고 시간이 흐르고 있었기 때문에 시간이 빠르게 가는 것으로 느낀 것이다.

9:27 즐거운 모양. 그가 탄원하며 답을 찾는 일을 그만두고 충고자들의 말대로 '얼굴에 즐거운 모양'을 한다면 어떨까를 수없이 많이 생각해 보았던 것 같다. 그러나 그는 그렇게 할 수 없었다.

9:28 죄 없다고 여기지 않으실 줄을 아나이다. 욥은 스스로 생각하기를 분명 자신에게 무슨 문제가 있어 고난이 있는데 그 문제(죄)가 무엇인지 알지 못하고 가늠되지 못하여 계속 하나님께 탄원하고 또 탄원하고 있다. 여진히 문제가 해결되지 못하였다. 그런데 여기에서 멈춘다면 그의 숨겨진 죄가 해결되지 못한 채 끝나는 것이다. 그래서 그는 멈출 수 없음을 말하고 있다.

9:30 욥은 자신이 의식적으로 **눈 녹은 물**로 몸을 씻고 **잿물로 손을 깨끗하게 하여도** 그것이 자신의 죄의 문제를 해결할 수 없음을 알았다.

9:31 내 옷이라도 나를 싫어하리이다. 그는 지금 알지 못하지만 문제가 있어 고난 가운데 있다. 그는 모든 사람이 싫어하는 모습이

되어 있다. 악취가 나고 있다. 그러니 욥이 어찌 겉모습만 바꾸고 웃고 있을 수 있을까?
죄를 안고 살 수는 없다. 욥은 그것을 알았다. 죄를 안고 얼굴만 바꾸어 살 수 없음을 말한다. 그래서 아파하였다. 조금 불신앙적으로 보여도 하나님 앞에 조금 따지는 모습으로 보여도 자신의 죄가 무엇인지 알려 달라고 간구하고 주장하고 있다.

9:32 하나님과 사람의 차이가 어머어마하기 때문에 욥은 자신이 하나님 앞에 온전히 설 수 없어 중재자가 필요함을 말한다. 중재자가 있어 욥의 사정을 알려주고 하나님의 뜻을 들어 욥이 고쳐야 하는 죄가 무엇인지 들을 수 있도록 중재자가 필요하다 말한다. 그러나 그는 그런 중재자가 실제로 있게 될 것이라는 것은 상상도 못하였을 것이다.
욥이 중재자가 필요하다 말하는 것을 보면서 우리는 바로 '예수님'을 생각할 수 있다. 욥은 예수님에 대해 전혀 알지 못하였다. 그러나 그가 고난 가운데서 진정 필요로 하며 애타게 찾고 있는 대상은 우리가 알고 있는 예수님이 가장 적임자임을 알 수 있다. 예수님은 가장 높으신 하나님과 낮고 낮은 사람 사이의 간격을 채워 주실 수 있는 유일한 분이다. 유일한 중재자이시다. 예수님은 하늘에 계셨고 또한 이 땅에 인간으로 오셨기 때문이다.
오늘날 우리는 고난의 때에 예수님을 알기 때문에 더욱더 쉽게 중재자를 찾을 수 있다. 발견할 수 있다. 그것이 복이다. 우리가 감히 하나님께 나갈 수 있도록 중재자가 되시는 예수님을 통해 우리는 적극적으로 하나님께 나가야 한다. 중재 받아야 한다. '예수님의 이름으로' 기도해야 한다.

9:34 주께서 그의 막대기를 내게서 떠나게 하시고. 욥은 하나님의 징계의 막대기로 인하여 고난 가운데 있다. **그의 위엄이 나를 두렵게 하지 아니하시기를.** 욥은 하나님의 위엄 때문에 하나님께 제대로 말할 수 없었다.

욥은 하나님께서 그를 때리시는 것을 그쳐 주시고, 두렵게 하시는 것을 그쳐주시기를 간구하고 있다. 그래야 그가 두려움이 없이 하나님께 나갈 수 있고 말할 수 있음을 말한다.

10 장

욥의 하나님을 향한 기도.

10:1 내 마음이 괴로운 대로 말하리라. 긴 고난은 욥의 자제력을 더 이상 잡고 있을 수 없게 하였다. 욥은 하나님을 경외하는 사람이었기에 말을 매우 아꼈다. 그런데 이제 말하겠다 말한다. 지금까지 참은 것도 대단한 것이다. 또한 그가 자유롭게 말하겠다 말하지만 하나님을 향하여 매우 절제된 언어로 질문하였다. 이 질문을 위하여 그는 지금까지 하나님의 높으심과 자신의 낮음을 전제하는 말을 길게 말하였다.

10:2 무슨 까닭으로 나와 더불어 변론하시는지 내게 알게 하옵소서. 그가 가장 궁금해하는 것이다. '무슨 이유' 때문에 하나님께서 그에게 고난을 주시는지 알고 싶었던 것이다. 욥은 자신의 무너진 것이 원망스러운 것이 아니다. 자신이 받아야 하는 고난의 이유를 알고자 하였다. 그것을 알아야 고칠 수 있기 때문이다. 하나님께서 그렇게 고난을 주시니 큰 문제가 있는 것 같은데 자신은 생각하기에는 죄가 없는 것 같으니 그 이유를 알게 해 달라고 말하고 있는 것이다.

10:3 악인의 꾀에 빛을 비추시기를 선히 여기시나이까. 욥이 보기에는 자신이 고난 받는 이유를 몰랐다. 자신보다 훨씬 더 나쁜 사람들이 복을 받고 있는 것을 보았다. 선하신 하나님께서 어떻게 이러실 수 있는지 의아하였다.

10:4 사람처럼 보시나이까. 하나님께서는 지금 욥의 친구들이 말하는 것처럼 대답하지는 않으실 것이다. 욥의 친구들이 말하는 것은 분명 틀렸기 때문이다. 그렇다면 하나님께서는 대체 어떤 이유를 말씀하실까?

10:7 주께서는 내가 악하지 않은 줄을 아시나이다. 모든 것을 아시는 하나님께서는 모르는 사람들의 비난과 충고와 같지 아니하고 '욥의 악하지 않음'을 이미 알고 계실 것이라 생각하였다.

10:8 주의 손으로 나를 빚으셨으며 만드셨는데. 하나님께서 매우 공을 들이시고 사랑을 들이셔서 인간을 창조하셨음을 말한다. 그렇게 존귀하게 창조하셨는데 지금은 그를 멸하시는 것 같았다. 전혀 아낌없이.

10:9 기억하옵소서 나를 티끌로 돌려보내려 하시나이까. 쓰러지는 자신을 보면서 욥은 뒤로 물러나며 말한다. 하나님의 창조를 생각하면 참으로 귀하게 창조하셨음이 분명한데 지금은 '티끌'처럼 무시하시는 것 같기에 뒤로 물러서며 '그러지 마시라'고 말하는 것과 같다.

10:12 생명과 은혜를 내게 주시고. 하나님께서 헤세드로 욥을 지키셨다. 그런데 왜 하루 아침에 자신에게 생명과 은혜를 거두시는지 묻고 있다.

10:14 내가 범죄하면 내 죄악을 사하지 아니하나이다. 하나님께서 죄에 대해 심판하신다는 말이다. 죄는 심판 받아 마땅하다. 그런데 그가 이해되지 않는 것이 생겼다.

10:15 의로울지라도 머리를 들지 못하는 것. '머리를 든다'는 것은 '부끄러움이 없는 것' 또는 '행복한 상태가 되는 것' 등을 의미한다. 악하면 화가 있지만 의를 행하면 복이 있어야 마땅하다. 그런데 욥이

지금 경험하고 있는 것은 의를 행하였어도 '화'가 있는 것이다. 그가 지금 고난을 받고 있는 것이 그러했다.

10:16 내가 머리를 높이 들면 사자처럼 나를 사냥하시며. 고난 중에서라도 마음의 평안을 찾으려 하면 공격이 들어왔음을 말한다. 그가 고난 중에서도 자존감을 가지려고 하면 여지없이 공격이 들어왔다. 사람들이 그를 불명예스럽게 몰아붙였다.

10:17 군대가 번갈아서 치는 것. 욥의 친구들은 욥의 고난을 그에게 문제가 있기 때문이라 주장하였다. 그를 부끄럽게 만들기 위해 모든 말을 하였다. '군대가 번갈아 치는 것'같이 그를 아프게 하였다.
욥은 고난을 받으며 이 '이 부끄러움'이 어쩌면 가장 많이 힘들었던 것 같다. 그는 나름대로 믿음과 경건을 위해 힘을 다하여 살았는데 하루 아침에 믿음 없는 사람처럼 취급되고 있다. 하나님을 경외하지 않는 사람이 되었다. 그가 변한 것이 아니다. 단지 그가 소유한 것이 무너졌을 뿐이다. 그런데 그의 소유가 아니라 그의 믿음과 인성이 무너진 것처럼 공격을 받았다. 욥은 자신이 고난을 받는 것을 보니 하나님께서 죄인도 고난을 주고 의인도 똑같이 고난을 주시는 것이 아니시냐고 항변하고 있다.

10:18 태에서 나오게 하셨음은 어찌함이니이까. 태어나지 않고 모태에서 죽었으면 이런 일을 고민하지 않아도 될 것이었기에 그것이 ‘더 좋을 뻔 하였노라’고 말한다.

10:20 내 날은 적지 아니하니이까. 욥은 고난 가운데 죽음이 가까이 오는 것을 느꼈다. 이제라도 죽음에 이르기 전 '평안'을 얻기를 간구한다. 지긋지긋한 고통 속에서의 당연한 간구다. 지긋지긋한 불명예로부터 놓임을 원하는 간구다.

10:21 죽음의 그늘진 땅. 죽음의 세계에 대해 반복하여 표현한다. '어둡고' '그늘진 땅'이며 '구별이 없고' '흑암'이 가득한 세상이다. 이것은

죽음에 대한 일반적 모습이다. 죽으면 모든 것이 같다. 모든 이들이 무덤에 간다.

10:22 광명도 흑암 같으니이다. 죽은 이는 광명도 흑암도 보지 못한다. 잠자는 사람에게 광명과 흑암이 같은데 죽은 자에게는 더욱더 그러할 것이다. 그렇게 모든 것이 끝나기 전에 선과악이 구분되고 명예가 회복되기를 원하는 욥의 간구다.
사실 죽음에 이르면 '광명과 흑암이 같아지는 것'은 아니다. 사람들이 죽음을 보는 시각은 광명과 흑암이 같아지는 것일 수 있다. 그러나 실상은 어떤가? 광명과 흑암이 가장 많이 나뉘는 곳이 죽음의 세계다. 죄인은 영원한 흑암에 거하고 의인은 영원한 광명에 거하게 되는 것이 죽음이다. 그것처럼 지금 욥이 고난을 받음으로 의인과 악인이 같아지는 것 같이 느끼고 있지만 실상은 더욱더 선과 악이 나뉘고 있었다. 고난을 이기는 의인이 얼마나 귀한 것인지를 극명하게 보여지고 가르치고 있는 것이 욥의 고난의 순간이요 고민의 순간이다. 욥은 그것을 몰랐기에 매우 아파하고 있지만 우리는 욥의 외침을 통해 오히려 더 분명한 차이를 본다.

11 장

소발이 욥에게 하는 충고.

11:2 말이 많은 사람이 어찌 의롭다 함을 얻겠느냐. 그는 욥이 말이 많다고 생각하였다. 소발은 욥이 죄 때문에 고난을 받으면서도 많은 말로 자신의 죄를 희석시킨다고 생각하였다. 그래서 욥의 말을 책망하였다.

11:4 네 말에 내 도는 정결하다 말하는구나. 욥은 아무리 생각해도 특별한 죄가 없어 왜 고난이 있는지 하나님께 묻고 있다. 잘못이

있다면 무엇인지 찾고 있으며 고난의 이유를 찾고 있었다. 그러나 소발은 욥의 고난의 이유에 대해 구체적으로 제시하지 못하면서 '욥이 죄가 없다'고 하는 말에 발끈하였다.

11:6 하나님께서 네게 보이시기를 원하노라. 소발은 욥의 죄에 대해서 구체적으로 말하지 못하였다. 그러나 욥이 죄가 없는 것이 아니라 오히려 '너로 하여금 죄를 잊게 하여 주셨음을 알라'고 말하면서 욥이 고난을 받는 것보다 실제로는 더 많은 죄가 있다고 말한다.
원론적으로는 맞는 말이다. 우리는 모두 은혜 아니면 죄값으로 인하여 지옥에 가야 마땅한 사람들이기 때문이다. 그러나 그렇다면 소발 자신에게도 적용되어야 한다. 소발은 그것을 욥에게만 적용하였다. 욥이 고난 받고 있기 때문일 것이다.

11:7 네가 하나님의 오묘함을 어찌 능히 측량하며. 우리가 하나님의 오묘함을 어찌 다 알 수 있을까?

11:8 하늘보다 높으시니. 하나님에 대한 지식은 하늘보다 높고, 스올보다 깊으며, 땅보다 길고, 바다보다 넓다. 소발의 말은 마땅히 옳다. 무조건적으로 옳다. 그러나 왜 욥에게 이 말을 하고 있을까? 욥이 하나님의 높고 넓으심을 모른다고 생각하기 때문이다.
욥은 하나님의 높고 위대하심을 오묘하심을 앞에서도 계속 말하고 있었다. 욥의 말을 듣고 있지 않았던 것일까? 욥이 하나님의 뜻을 찾으며 고난의 이유를 알게 해 달라고 하는 것 때문에 이 말을 하고 있는 것일까? 어떤 면에 있어 모르는 것을 인정하는 것도 필요하다. 그러나 때로 찾는 것도 중요하다. 하나님이 하늘보다 높으신데 찾지 않으면 하늘의 높이를 알지 못한다. 찾아야 계속 높아진다. 하나님이 얼마나 높으신지를 알기 위해서는 1m 만큼 높은 것도 알아야 하고 그 다음에 10m 높은 것을 알아야 하며 계속 알아가야 하는 것이다. 그러기에 욥이 하나님의 신비를 인정하면서도 고난의 이유를 찾는 것은 찾는 것 자체가 잘못은 아니다.

욥 또한 소발의 말이 괘씸하지만 다시 더 생각해 보아야 하는 진리다. 이후에 하나님께서 욥에게 하신 말씀도 이와 비슷한 말씀이다. 고난의 이유에 대해 설명하시기 보다는 신비에 대해 설명하셨다.

11:12 출생함이 들나귀 새끼. 소발은 '어리석은 사람이 지각을 얻게 되는 것'은 '들나귀가 사람을 출생하는 것'과 같이 불가능한 일이다 말한다. 바보는 무엇이 더 좋은지를 알지 못하기 때문에 결코 바뀌지 않는다. 바뀔 가능성이 없다.

11:13 주를 향하여 손을 들 때. 마음을 정결하게 바꾸고 바꾸고 싶은 것을 '주를 향하여 손을 듦으로' 곧 회개하는 기도를 통해 바꾸어야 한다고 말한다. 자신에게 있는 죄악을 버려야 희망이 있을 것이라 말한다.
소발이 욥에게 말할 때 그는 욥의 죄를 전제하고 있다. 그래서 잘못된 말이 된다. 그러나 그의 충고는 일반론적인 면에 있어서는 충분히 맞는 말이다. 어리석은 사람은 바뀌지 않는 사람이고 지혜로운 사람은 계속 바뀌는 사람이다. 특히 하나님 앞에서 옳은 마음을 갖고 기도하며 자신의 죄를 찾는 것은 매우 좋은 자세다. 사람들은 대화에서 상대방의 말 꼬리를 잡는 경우가 많다. 그때 상대방의 잘못된 말을 찾아낸다. 그러나 현명한 사람은 상대방의 말에서 좋은 말을 찾아내고 희망을 찾아낸다. 틀린 말 찾기에 익숙한 우리는 이제 옳은 말 찾기에 익숙해질 필요가 있다. 사람들 속에서 절망을 찾지 말고 희망을 찾아내는 것이 필요하다.

11:15 흠 없는 얼굴. 회개하면 '흠 없는 얼굴'을 가지고 당당할 수 있게 되고 두려움이 없을 것이라 말한다. 회개하면 더이상 이전의 죄가 그를 주장하지 못하고 바뀐 모습이 그의 모습이 되기 때문이다.
엘리바스와 빌닷 그리고 소발의 충고에서 동일한 현상이 있는데 말을 마칠 때 '희망을 노래하였다'는 것이다. 그들의 충고가 헛다리 집은 것이 됨에도 불구하고 완전히 쓸모 없는 것이 아니라 부분적 진리를 담을 수 있었던 것도 그러한 것 때문이다.
고난의 때에 가장 필요한 것은 '희망을 노래하는 것'이다. 그것은 일반 지혜에서도 중요하게 여길 정도로 상식이며 매우 중요하다. 고난의 때에 상황은 많이 힘들다. 힘든 상황에서 고통을 노래하면 '설상가상'이 된다. 희망을 노래해야 한다.

11:17 어둠이 아침과 같이 될 것이니라. 희망하십시오. 이 땅의 고난은 어둠이다. 그러나 그 어둠은 빛을 더욱 돋보이게 할 것이다. 소발의 말대로 회개한다면, 아니면 욥의 경우대로 인내한다면 아침의 때가 올 것이다.

11:18 희망이 있으므로. 희망이 있으면 된다. 거짓 희망도 있다. 그러나 우리는 하나님이 참된 하나님이심을 믿는다. 그러기에 하나님께 희망을 두고 있다면 결코 거짓 희망이 될 수 없다. 오히려 고난의 때에 거짓 희망이 무너지고 참된 희망이 되신 하나님께 우리의 온전한 희망을 두게 되는 때가 된다.

11:20 숨을 거두는 것. 악한 자들의 희망은 '숨을 멈추는 것'이다. 그러나 신앙인의 희망은 고난이 끝나고 영원한 기쁨과 안락만이 있는 천국이다. 그러니 어찌 세상의 고난이 있다고 희망을 놓치겠는가? 희망을 노래하라. 고난의 때라면 더욱더 희망을 노래하라.

12 장

소발의 충고에 대한 욥의 대답.

12:2 너희가 죽으면 지혜도 죽겠구나. 한 마디로 '너 잘 났다'이다. 친구들이 자신들이 옳고 욥을 문제가 많은 사람 취급하는 것에 마음이 상하여 신랄하게 반응한 것이다.

12:4 하나님께 불러 아뢰어 들으심을 입은. 욥은 이전에 하나님께 인정받고 사람들에게 인정받던 사람이다. 그런데 하루아침에 죄인이 되어 있었다. 우둔한 자로 불렸다. **이웃에게 웃음거리가 되었으니.** 그는 분명 이전에는 존경을 받았으나 지금은 웃음거리가 되었다. 하루아침에 그렇게 되었다. 자신의 지혜가 갑자기 사라진 것이 아니다. 갑자기 아주 어리석은 행동을 한 것도 아니다. 단지 자고 일어났을 뿐인데 그렇게 되었다. 자신과 상관없이 외부에서 일어난 사건들 때문에 그렇게 되었다. **온전한 자가 조롱거리가 되었구나.** 세상에 그런 법이 어디 있니? 자신이 어떤 일을 한 것도 아닌데 지혜자에서 우둔한자로 그렇게 취급하는 법이 어디 있을까.

12:5 평안한 자의 마음은 재앙을 멸시하나. 문제가 없는 사람들은 재앙 받는 사람들에게 관심을 주지 않는다. 혹 관심을 준다면 따스한 관심이 아니라 '멸시'의 관심이다. '얼마나 못났으면 저렇게 되었을까' '분명 문제가 많이 있어 저렇게 되었을거야'라고 생각한다. 세상은 고난 가운데 있는 사람의 재앙(고난)에 대해 무관심하다. 문제없는 사람들끼리 관심을 가지고 사업을 나누고 취미를 나누는 것에 쏠려 있다.
재앙이 실족하는 자를 기다리는구나. 해석이 두 가지 가능성이 있다. 앞구절과 대조적으로 '그들에게도 재앙이 기다리고 있다'로 번역해도 되고 아니면 병행구로 '그들이 기다리다 비틀거리는 이를 밀어 버린다'는 의미로 번역해도 된다. 첫번째의 경우 그들 자신도 고난

받을 때가 있다는 것을 생각하지 못하고 고난이 있는 이를 무시한다는 뜻이다. 세상은 늘 고난 없는 사람들의 잔치 같다. 그러나 잘난 사람들이 고난이 없어서가 아니라 사람들이 바뀌는 것이다. 그래서 다 고난이 없어 보이지만 실제로는 고난이 있는 사람은 또 처지고 다시 일시적으로 고난이 없는 사람이 와서 그 자리를 메꾸는 것이다.
병행구로 해석한다면 세상의 잘난 사람들이 고난 받는 사람들에게 관심을 주기 보다는 '밀어버리고' 무시한다는 의미다. 어떤 의미이든 세상은 고난에 관심을 주지 않는다. 세상은 늘 승자들로 떠들썩하다.

12:6 강도의 장막은 형통하고. 형통한 것이 잘나서가 아니라 강도이기 때문일 수 있다. 강도가 다른 사람의 것을 빼앗았으면 벌을 받아 마땅한데 욥은 그들이 잘 살고 있는 것을 보았다. 강도가 벌을 받는 것이 아니라 상을 받고 있는 모습을 보았다. **하나님을 진노하게 하는 자는 평안하니.** 하나님을 진노하게 하는 아주 잘못된 사람이 잘 살고 있는 것을 보았다. 하나님을 기쁘시게 하기 위해 모든 관심을 기울인 자신은 지금 이렇게 고난을 받고 있는데 하나님을 진노하게 하였던 사람은 평안 가운데 살고 있는 것을 보았다. **하나님이 그의 손에 후히 주심이니라.** 강도가 형통한 불합리한 일이 불합리하게 일어난 것은 아니다. 이면에 하나님의 통치가 있다. 하나님은 선하시니 다른 뜻이 있을 것이다.

12:9 여호와의 손이 이를 행하신 줄을 알지 못하랴. 알지 못하는 이가 없다고 말한다. 심지어 동물들도 안다고 말한다. 동물들도 아는 사실을 때로는 사람들이 놓치는 경우가 많다. 그러나 욥은 동물들도 안다고 말하면서 자신이 하나님의 통치에 대해 확고히 믿고 있음을 말한다. 세상이 비록 거꾸로 가고 있어도 여전히 하나님의 통치가 작동하고 있음을 믿었다. 하나님께서 통치하신다는 것은 무엇을 의미할까? 하나님은 절대 선하신 분이다. 그러기에 그 안에도 선이 작동하고 있다는 뜻이다. 그렇다면 거꾸로 된 세상에서 어떻게 선이 작동할 수 있을까? 분명히 악이 승리하고 있는데 말이다. 하나님의

통치는 이 땅에 국한되지 않는다. 하나님의 심판이 있다. 영원한 나라가 있다. 이 땅에서 일시적으로 악이 더 평안하고 의인이 고난을 받는다 하여 그것이 잘못되었다고 말할 수 없다. 왜냐하면 진짜 인생은 영원한 것이기 때문이다. 영원의 일에 대해 말해야 지 잠시의 일을 가지고 승리했다고 말할 수 없다.

12:13 지혜와 권능이 하나님께 있고. 잘 살고 있는 사람들이 자신들은 지혜가 있어 잘 살고 있는 것처럼 착각하지만 사실 모든 지혜와 권능은 오직 하나님께만 속한 것이다. 그들이 지혜로워서 잘 살고 있는 것이 아니다. 그러니 고난 받고 있는 욥을 비난하면서 자신들이 지혜로운 것처럼 착각하지 말아야 한다.

12:14 그가 헐으신즉 다시 세울 수 없고. 잘못된 길을 가서 무너지는 경우도 있지만 그렇지 않은 경우도 많다. 하나님께서 세우시면 세워지고 허무시면 허물어진다. 사람의 의지와 상관없이 그러하다. 누구는 부동산을 잘 알아서 부동산 투자해서 돈을 벌고 누구는 무지하여 돈을 잃는 것이 아니다. 욥이 형통할 때 욥이 지혜로웠고 고난 받는 지금은 무지한 것이 아니다. 지금 형통한 욥의 친구들은 지혜로워서 형통한 것이 아니다. 지혜와 능력은 오직 하나님께 속하였다는 사실을 기억해야 한다.

12:17-18 모사...재판장...왕. 돈은 쉽게 사라지지만 지혜는 쉽게 사라지지 않는다. 그럼에도 불구하고 모사가 하루 아침에 '포로'가 되어 그의 지혜는 이로운 것이 아니라 해로운 역할을 한다. **왕들이 맨 것을 풀어 그들의 허리를 동이시며.** 이전에는 다른 사람들을 매었던 왕도 어느 순간 자신을 매는 끈이 될 수 있다. 세상의 직위는 늘 유동적이다.
세상에서 왕이라는 지위가 죽을 때까지 유지될 수도 있다. 그러나 그렇다고 복된 것은 아니다. 세상에서 살다가 왕직에서 쫓겨난 사람이나 평생 유지한 사람이나 영원이라는 관점에서 보면 결코 차이가 있는 것이 아니다. 세상에서 왕으로 사는 것은 진짜 왕이 아니라 왕의 역할을 하는 것이다. 드라마에서 왕의 역할을 하는 것과 세상에서 왕으로 사는 것의 차이는 무엇일까? 드라마는 왕의 자격이 없는데 세상에서는 왕의 자격이 있는 것일까? 아마 가장 큰 차이는 시간의 문제일 것이다. 실제와 가상의 문제일 것이다. 그러나 영원이라는 관점에서 보면 시간은 거의 차이가 없으며 실상과 가상의 문제로 생각해 보아도 거의 차이가 없다. 이 세상에서 왕이었다고 죽음 이후 그가 왕이었던 것 때문에 더 인정받을까? 전혀 그렇지 않다. 이 땅에서의 역할은 죽음 이후 심판 받을 때 전혀 문제가 되지 않는다. 이 땅에서 종으로 살았다고 심판 받을 때 종으로 심판 받는 것이 아니다. 왕이었다고 왕처럼 대우받는 것이 아니다. 이 세상에서의 지위는 드라마에서의 역할과 거의 차이가 없다. 아주 조금 더 시간이 길고 아주 조금 더 진짜 같다는 것밖에 없다.

12:23 민족. 민족이나 나라도 그러하다. 민족이나 나라라는 것이 아무것도 아니다. 그런데도 우리는 우리나라 선수가 축구를 잘 해도 그렇게 기분이 좋고 뿌듯하다. 그러나 실상은 같은 민족이고 나라라는 것이 이후에는 전혀 문제가 되지 않을 것이다. 단지 이 땅에서 사는 동안만 그렇게 느끼는 것일 뿐이다.

13 장

욥이 소발에게 대답하며 하나님 앞에 나가고자 하는 굳은 결의에 대해 말하는 이야기.

13:2 너희 아는 것을 나도 아노니. 친구들이 충고라고 하는 말들은 욥도 아는 것이었다. 그런데 친구들은 욥이 그것을 모르기 때문이라고 충고하며 비난하였다.

13:3 나는 전능자에게 말씀하려 하며. 욥은 친구들의 답이 아니라 하나님의 답을 원하였다. 친구들의 답에는 답이 없었기 때문이다.

13:4 쓸모없는 의원. 의사가 환자의 아픈 곳을 치료해야 하는데 아프지 않은 곳을 만지고 엉뚱한 처방전 만 내놓았으니 욥에게는 그들이 돌팔이 의사임에 분명하다. 욥이 돌팔이 의사인 친구들과 계속 대화하고 있다. 여기에서 한 가지 우리가 기억해야 할 것이 있다. 고난의 때에 사람과의 대화는 매우 유익하다는 것이다. 고난의 때에 혼자 있으면 병이 된다. 사람과 함께 대화해야 한다. 대화하면 때로는 더욱더 화가 날 수도 있다. 그러나 사람은 대화하면서 정리가 되는 경우가 많다. 그래서 힘들면 힘들수록 사람들과 함께 대화하는 것이 좋다. 욥은 지금 그의 친구에게 돌팔이 의사라고 대놓고 말하고 있지만 여전히 친구들과의 대화가 이어진다.
그는 친구의 충고에 대해 응답하기는 하지만 늘 하나님을 향한 기도의 내용이 더 많이 들어간다. 그런데도 불구하고 그는 여전히 친구와 대화한다. 조금은 신랄한 내용이 들어감에도 불구하고 친구들과 대화하고 있다. 그것이 필요하다. 좋다.

13:6 너희는 내 입술의 변명을 들어 보라. 욥은 계속 친구들과 대화를 시도한다. 친구들의 이야기가 그에게 적용되는 것이 하나도 없어도

친구들의 이야기를 인내하면서 들었다. 그리고 자신의 의견을 친구들에게 말하였다. 친구들의 이야기는 많은 부분 틀려도 나름대로 역할을 한다. 특별히 욥이 친구들에게 대답하는 말은 친구들과의 대화가 있었기 때문에 가능한 말이었다.
욥기가 매우 길다. 고난이라는 한 가지 주제를 가지고 참으로 많은 말이 오간다. 그런데 고난에 처한 사람들의 실제 모습을 보면 말을 잊고 있는 것을 많이 본다. 사람들에게도 말하지 않고 하나님께도 말하지 않는다. 그러나 고난의 때는 욥기의 수많은 말처럼 수많은 고민과 대화가 필요하다. 수다가 필요하다.

13:13 너희는 잠잠하고. 욥이 지금 하려고 하는 것을 막지 말라고 말한다. 욥이 대체 무엇을 하려고 하는 것일까? **무슨 일이 닥치든지 내가 당하리라.** 욥이 아주 대단한 결심을 한 것 같이 보인다.

13:14 내 생명. 욥은 지금 자신의 생명을 담보로 하려 하는 일이 있다.

13:15 그의 앞에서 내 행위를 아뢰리라. 하나님께 나가서 아뢰기로 결심하였다. 지금까지의 상황으로 보아서는 그가 하나님께 나가도 확률적인 면에 있어 희망이 별로 없어 보였다. 그러나 그 희망이 단 1%라 하여도 그에게 절대적으로 필요한 것은 하나님께 나가는 것이라 생각하였다. 다른 것에 나가는 것은 0%희망이요 하나님께 나가야 1%의 희망이라도 있다는 것을 믿었기 때문이다.
자신이 하나님께 나가는 것이 망령된 행동일 수 있으나 모든 답은 오직 하나님께로부터 나오기 때문에 목숨걸고 하나님께 나가기로 결심을 한 것이다.

13:16 경건하지 않은 자는 그 앞에 이르지 못하나니. 에스더에서 왕의 총애를 받지 못하는 사람은 허락 없이 왕 앞에 가면 죽음을 면하지 못했다. 욥은 하나님께서 기뻐하시는 경건한 사람이 아니라면

감히 하나님 앞에 나가서 뻔뻔하게 말할 수 없다는 것을 알았다. 그러나 만약 하나님께서 그를 받아주시면 그것이 결국 그가 경건한 사람이라는 것을 증명하는 것이요 그러면 '구원'이 있을 것이기에 그가 기댈 수 있는 마지막 카드가 하나님께 나가는 것이었다. 조금은 함부로 감히 하나님께 이유를 묻겠다고 말하는 것이다. 감히 하나님 앞에서 '자신의 옳음과 어찌하여 이런 고난이 왔는지 묻겠다'는 것이다.
욥이 하나님께 나가서 묻는 것을 매우 두려워하고 있다. 지금의 시각으로는 이해가 되지 않는다. 그러나 욥의 시대 시각으로 보면 이해가 된다. 사람들은 하나님을 경외하며 매우 두려워하였다. 그러기에 하나님께 나가 따진다는 것은 상상도 할 수 없던 시기다. 욥의 경우도 참다참다 못하여 마지막 수단으로 그렇게 하는 것이다.

13:20 두 가지 일을 행하지 마옵소서. 욥은 하나님께 본격적으로 질문하기 앞서 경외감으로 두 가지 요청을 한다. 그 요청이 받아들여져야 자신이 하나님께 더 가까이 다가갈 수 있다고 생각하였기 때문이다. 욥은 철저히 경외함으로 하나님께 아주 조심스럽게 한 걸음씩 걸어가고 있다.

13:21 주의 손을 내게 대지 마시오며. 너무 아파서 하나님께 나갈 기력이 없었다. 그래서 지금 하나님의 책망하심으로 자신의 몸이 완전히 망가지고 기력이 없는데 하나님의 심판을 잠시 멈추어 달라고 요청하는 것이다. 그래야 하나님께 나가 말할 기력이 있기 때문이다. **나를 두렵게 하지 마실 것이니이다.** 이것은 주의 임재에 가까이 갈 때 주의 찬란한 영광 때문에 자신이 가까이 갈 수 없음을 고백하고 있는 것이다. 그래서 조금 더 가까이 갈테니 주의 크신 영광에 압도되지 않도록 용기를 달라는 간청이다.
욥은 자신이 지금 하나님의 심판을 받고 있음을 알았다. 그래서 법정용어로 하면 '피고인'이다. 그가 비록 피고인이지만 그는 원고가 되시는 하나님을 향하여 경외의 마음을 가지고 있으며 완전한 통치를 인정하고 있다. 욥의 시적인 용어에 조금은 이상하게 보일지 모르지만 욥은 하나님을 향한 경외의 마음을 결코 놓치지 않고 있다.

13:22 주는 나를 부르소서 내가 대답하리이다...내가 말씀하게 하옵시고 주는 내게 대답하옵소서. 어떤 형식으로든 욥은 하나님과의 대화를 시도한다. 아마 욥은 지금까지 하나님을 향하여 많은 기도를 하였을 것이다. 그러나 고난의 때에 그는 하나님께서 응답하시지 않는 것을 느꼈다. 그래서 매우 힘들었다. 그런데 그는 여전히 다시 힘을 다하여 하나님께 대화를 시도한다. 기도한다.
하나님께 기도하라. 때로는 하나님의 마음이 전혀 느껴지지 않고 하나님께서 기도를 들으시지 않는 것 같이 보일 때가 있다. 그러나 그때도 기도하라. 대화가 안 되면 하나님을 향하여 일방적으로라도 말하라. 우리의 기도는 결코 일방적이지 않다. 하나님은 늘 들으신다.

13:23 나의 허물과 죄를 내게 알게 하옵소서. 자신의 죄악이 '얼마나 많기에' 이렇게 많은 고난을 받아야 하는지 묻고 있다. 그는 죄가 없다고 말하는 것이 아니다. 지금 그가 고난을 받고 있는 '특별한 죄'가 있는지 묻고 있다. 사실 모든 인간은 죄값을 제대로 물으면 더 많은 벌을 받아 마땅하다. 그러나 욥이 질문하고 있는 것은 죄에 대한 응당한 보편적 처벌이 아니라 다른 사람들과의 형평성과 일반적인 시각에서의 죄에 대한 형벌로서 지금 그가 고난을 받고 있는 특별하고도 직접적인 죄가 무엇인지를 묻는 것이다.

13:24 얼굴을 가리시고. 마치 원수를 대하듯 대하셨다. 욥은 어쩌면 지금 그것이 가장 힘들었을 것이다. 그는 그렇다고 자신이 뛰어나다고 말하는 것이 아니다.

13:25 어찌하여 날리는 낙엽을 놀라게 하시며. 낙엽이 떨어지는 때 떨어진 낙엽이 전혀 가치가 없듯이 자신이 '이리저리 날리는 낙엽'임을 알았다. 그러나 그래도 '낙엽을 놀라게 하시니'라고 항변한다. "주여

제가 비록 떨어진 낙엽같은 존재이지만 그래도 이전에는 안 그러셨지 않습니까?" 욥은 눈물을 흘리며 고백하고 있다.

13:26 내가 젊었을 때에 지은 죄를 내가 받게 하시오며. 하나님께서 괜히 그러실리는 없으니 혹시 '젊었을 때' 지은 죄에 대해 물으시는 것인지 질문한다. '젊었을 때'는 청년의 기간을 말하는 단어가 아니라 '유아 때부터 청소년 그리고 성인이 되기 전까지의 모든 기간'을 담고 있는 단어다. 어렸을적에 그가 무슨 죄를 저지르긴 했을 것이다. 무슨 죄를 저질렀는지 기억을 못하지만 말이다. 그래서 그때의 죄를 지금 벌하고 계신지 묻고 있는 것이다. 어쩌면 그것 일 수도 있겠다 생각한 것이다.
기우로 덧붙이자면 '젊었을 적 죄'는 아니다. 우리는 하나님께서 욥이 모르는 어렸을 때 죄를 묻고 있는 것이 아니라는 것을 안다. 사람들은 때로는 조상의 죄까지 생각하여 '가문의 저주'를 말하는 사람이 있다. 아주 엉터리다. 그런 것은 없다. 고난의 때에 아주 옛날에 회개한 죄까지 다 소환하여 다시 생각하면 안 된다.

13:27 발자취를 점검. 발바닥에 표시로서 무엇을 새기는 것으로 아마 노예가 도망갔을 때 발자국의 표시를 보고 더 빨리 찾을 수 있게 한 것을 의미하는 것 같다.

14 장

욥이 하나님을 향하여 하소연하는 내용.

14:1 인생은 짧고 걱정이 가득하며. 짧은 인생 수많은 문제로 가득한 인생임을 말한다. 하나님께서 특별히 고난을 주시지 않아도 걱정이 많으며 짧게 끝나는 것이 인생임을 말한다.

14:2 꽃...그림자. 인생의 짧음을 '꽃'과 '그림자' 비유로 강하게 호소한다. 꽃은 피는가 싶으면 진다. 그렇게 인생은 짧다는 말이다. 그림자는 더욱더 강조된 비유다. 그림자는 있는 것 같으나 실체가 없다. 실체도 없어 보일 정도로 짧은 것이 인생이다.

14:3 이와 같은 자를 눈여겨 보시나이까. 인생은 하나님께서 특별히 고난을 주실 가치도 없다는 말이다. 재판할 이유도 없을 만큼 참으로 무가치한 것이 인생이라고 말한다.

14:6 품꾼. 인생을 품꾼으로 비유한다. 품꾼이 힘든 하루를 보내는데 그곳에 설상가상으로 고난을 더하지 마시고 '홀로 있게 하옵소서'라고 간청한다.
욥은 짧고 무가치한 인생이기에 고난을 주지 마시고 이제라도 고난을 멈추어 달라고 간청하였다. 그런데 그의 간구에 답이 담겨 있다. 짧다는 것은 맞다. 그러나 무가치한 인생이라는 것은 틀린 말이다. 욥의 간청대로 무가치한 인생이라면 뭐하러 고난이 있겠는가? 잘 설계되고 정교하게 고안된 고난이 왜 있을까? 고난은 오히려 인생이 무가치하지 않다는 증거다.
인생이 무가치하다면 고난이 필요 없다. 엉터리 인생을 살아도 고난 없이 대충 살다가 죽으면 끝이다. 그러나 인생은 존귀하다. 대충 시간 때우는 것이 아니라 죄에서 벗어나는 구원이 필요하다. 그것을 위해 고난이라는 과정이 필요하다. 하나님께 인간이 겪는 고난은 어찌보면 귀찮은 것이다. 귀찮은 소리만 들리는 일이다. 그러나 하나님은 인간을 귀히 여기시기에 고난을 허락하시고 항변과 울부짖음을 귀찮게 여기지 않으시고 들으시며 대답하신다.

14:7 나무는 찍힐지라도 다시 움이 나서. 욥은 심한 고난 속에서 희망을 잃어가고 있었다. 나무는 찍혀도 밑에서 다른 싹이 나서 자랄 희망이 있다고 말한다. 그런데 사람은 다르다.

14:19 장정이라도 죽으면 소멸되나니. 사람은 다시 태어나지 않는다. 이 땅에서 두 번 사는 사람은 없다. 죽으면 그것으로 끝이다.

14:11-12 물이 바다에서 줄어들고 강물이 마름 같이. 이번에는 인생을 '바다와 강물'을 비유로 사용한다. 마른 물은 다시 돌아오지 않는다. 그것처럼 인생이 다시 돌아오지 않는다고 말한다. 인생은 여기에서 한 번 죽으면 다시 태어나서 조금 편안하게 살 기회가 없으니 지금 조금이라도 고난을 벗어나게 해 달라고 간청하고 있다. 인생은 한 번만 사는 것이다. 죽으면 끝이다. 그래서 인생이 중요하고 고난이 중요하다. 다시 반복될 수 있는 것이라면 오늘 조금 아무렇게나 살아도 된다. 그러나 한 번만 있는 인생이라면 오늘 어떻게 사느냐가 매우 중요하다. 인생은 이 땅에서는 한 번 살고 끝나지만 이후에 영생을 사는 존재이기 때문이다. 영생은 이 땅에서의 한 번의 인생으로 결정된다. 그러니 이 땅의 한 번의 인생은 참으로 중요하다. 그래서 고난이 필요하고 중요하다.
'젊어서 고생은 사서도 한다'고 말한다. 젊어서 고생을 해 보아야 훈련되어 나중에 성인이 되어 잘 살 수 있게 되기 때문이다. 그렇다면 신앙인은 이 말을 바꾸어 '이 땅의 고생은 사서도 한다'고 하는 것이 맞을 것이다. 이 땅에서 고난을 통해 믿음을 배워야 영원한 나라에서 하나님과 함께 영원토록 살 수 있기 때문이다. 이 땅에서 그냥 편하게 사는 것이 중요한 것이 아니다.
욥에게 고난이 있다는 것은 실제로는 희망이었다. 그의 삶이 중요하다는 희망이다. 영생을 준비하는 희망이다. 우리에게 고난이 있다면 희망이 있기 때문이다. 고난 속에서 희망을 보는 우리가 되기를 기도한다.

죽음을 생각하며 하나님께 고한 내용(14:13-22).

이 단락은 욥과 세 친구의 대화 1 라운드(욥기는 욥과 세 친구의 대화가 3 라운드에 걸쳐 나온다)의 마지막 이야기다. 이 마지막에서 욥은 죽음 앞에 서서 생각하고 묵상하며 하나님께 고한다.

14:13 나를 스올에 감추시며. '스올'은 죽음의 세계를 말한다. 극심한 고난에서 욥은 죽음을 소원하였다. 죽음은 최소한 지금의 고난이 멈추게 될 것이기 때문이다. 욥은 **'주의 진노를 돌이키실 때까지'** 스올에 자신을 숨겨달라고 말한다. 지금 주의 진노로 인하여 극심한 고난을 받고 있으나 죽으면 그 고난이 끝날 것이기 때문이다. **규례를 정하시고.** 이 단어가 '규례'로 가장 많이 사용하는 단어이지만 여기에서는 '한계'(시간)의 의미로 해석하는 것이 좋다. 기간을 정하셔서 그 기간만큼 스올에 두셨다가 다시 일어나게 하시기를 간청하고 있다. 부활이라는 단어가 없고 당시에 그런 개념이 제대로 없었지만 내용적으로는 그런 의미다.

14:14 장정이라도 죽으면 어찌 다시 살리이까. 칠십인역은 회의적인 시각이나 부정적으로가 아니라 확신으로 번역하였다. '죽으면 다시 산다'고 번역한다. 내용적으로 그것이 맞는 것 같다. 욥은 지금과는 완전히 다른 무엇을 생각하고 있다. 그것이 죽음 이후인지 아니면 이 땅에서의 이후의 변화인지는 정확하지 않지만 죽음 이후의 변화일 가능성이 높다.
그는 죽음 이후의 놀라운 변화에 대한 생각을 가지고 있었다. 그래서 '고난의 날 동안을 참으면서 풀리기를 기다리겠나이다'라고 말한다. 이 땅의 고난은 고난 속에 있을 때는 매우 크다. 그러나 이후의 변화와 함께 생각하면 비교도 되지 않을 정도로 짧고 작은 것이다.

14:15 욥은 새로운 세상을 꿈꾸며 말한다. 욥기는 '시'이기 때문에 앞뒤 문장이 순서가 바뀌는 경우가 많다. '산문'으로 번역할 때는 뒤의 문장이 앞으로 와야 더 자연스럽다.

주께서는 주의 손으로 지으신 것을 기다리시나이다. 주께서는 나를 부르시겠고 나는 대답하겠나이다. 하나님께서 창조하신 욥과의 친밀한 대화를 기대하며 기다리시는 모습을 묘사한다. 그리고 드디어 '주께서 나를 부르시고' '나는 대답하겠나이다'라고 말한다. 그렇게 친밀한 관계를 상상하며 꿈꾼다. 비록 지금은 아니지만 말이다. 욥의 상상과 꿈처럼 우리는 죽음 이후 하나님 앞에 그렇게 친밀하게 서게 될 것이다. 하나님께서도 그것을 바라신다. 그것이 참으로 놀라운 일이다.

14:16 주께서 나의 걸음을 세시오니. 하나님의 돌보심과 보호하심에 대한 고백이다. **나의 죄를 감찰하지 아니하시나이다.** 죽음 이후에는 이제 더이상 욥이 죄를 행하는지 그렇지 않은가 살피지 않으신다는 것이다. 이제 더 이상 죄를 행하지 않을 것이기 때문이다. 주님은 오직 욥과 함께 하시기 위해 욥을 보신다. 얼마나 행복한 일인가?
부활에 대해 잘 모르는 욥도 죽음 이후의 변화에 대해 꿈꾸고 있다. 그렇다면 부활의 첫 열매이신 주님의 부활을 이제 이미 일어난 역사로 알고 있는 우리들은 욥보다 더 강하고 분명하게 이러한 꿈을 꾸어야 하지 않을까?

14:18-19 죽음에 대해 긍정적으로 표현하던 욥은 이제 죽음의 부정적인 측면에 대한 묵상과 고백도 한다. **무너지는 산.** 자연을 보면 '산'도 침식된다. 물 밑에 있는 돌도 끊임없이 흐르는 물에 의해 닳아진다. 그것처럼 '사람의 희망' 또한 끊어진다고 말한다. 사람이 살다보면 많은 희망을 가진다. 그러나 죽음에 가까이 가면서 희망이 침식되어가고 결국은 모든 희망이 끊어진다.
죽음은 희망의 끝이다. 어떤 면에 있어 그렇다. 우리는 부활의 첫 열매이신 주님을 보았기 때문에 부활을 당연한 것으로 여긴다. 그런데 오늘날에도 수많은 사람이 부활을 믿지 않는다. 신앙인들조차 부활할 것처럼 살지 않는 사람이 많다. 그만큼 부활을 알고 믿는다는 것이 어렵다. 특히 욥의 때에는 더욱더 그러하였을 것이다.

사람은 죄인이다. 죄인이기에 더욱더 부활을 꿈꿀 수 없다. 예수님이 이 땅에 오셔서 모든 죄를 실제적으로 효과적으로 사하시기 전에도 구원은 있었다. 그들이 하나님을 믿음으로 구원함에 이르지만 그것은 실제적으로는 예수님의 대속에 대한 일종의 가불이다. 죄는 오직 그리스도의 십자가에서만 해결되기 때문이다. 그래서 정확히 말하면 어떤 면에 있어서는 그들에게는 아직 구원이 실제적으로 일어난 것은 아니라고 말할 수 있다. 그러기에 구원과 함께하는 부활이라는 개념이 사람들 마음에 자리잡기가 매우 어려웠을 것이다. 그래서 죽음은 부활이라는 빛보다 끝이라는 어둠의 측면이 많이 있었다. .

14:21 그의 아들들이 존귀하게 되어도. 죽은 자는 그 후손이 존귀하게 되는지 비천하게 되는지를 알지 못한다고 말한다. 어떤 면에서는 그렇다. 무덤에 있는 죽은 자는 기뻐하지도 않고 슬퍼하지도 않는다. 그러나 그것은 죽음 이후를 잘 모르기 때문에 그렇다. 사람은 죽음 이후 무지해지는 것이 아니라 오히려 더 명철해진다. 하늘의 죽은자는 이 땅의 산 자를 항상 보고 있다.

14:22 애곡. 죽은 자의 애곡'에 대해 말한다. 세상은 '죽은 정승보다 산 거지가 낫다'고 말하기도 한다. 그만큼 죽음에 대해 철저히 부정적이다. 때로 신앙인인 우리도 죽음에 대해 생각할 때 두려움이 있을 수 있다. 그것은 죽음이 죄에 대한 형벌로 시작된 것이기 때문에 그렇다. 그것이 죄의 형벌로서 가지는 어둠만 보지 말고 주님의 은혜로 주어진 부활을 볼 수 있어야 한다. 죽음이 담고 있는 어둠이 매우 강하다. 그러나 어둠이 빛을 이기지 못하도록 해야한다. 욥은 어둠의 생각을 떨칠 수 없었다. 부활의 첫 열매이신 주님을 모르기 때문이다. 부활을 모르기 때문이다. 그러나 우리는 부활을 안다. 부활하신 주님을 안다.

15 장

15 장은 욥과 세 친구의 대화 2 라운드 시작이다. 2 라운드는 주로 죄에 대한 이야기다. 욥의 대답을 듣고 엘리바스는 두 번째 충고를 한다.

엘리바스가 욥을 책망하는 내용(15:1-35).

15:2 동풍. 엘리바스는 욥의 말을 '동풍'으로 정의한다. 동풍은 가나안 지역이나 모압 에돔 지역에도 같은 의미다. 동풍은 그들의 지역의 동쪽에 있는 사막지역에서 불어오는 뜨거운 바람이다. 이 바람이 불면 들의 풀이 다 죽는다. '헛된 지식'은 '동풍 바람의 지식'을 뜻한다. 욥의 말이 '동풍처럼 죽이는 말'이라는 뜻이다. 죽이는 지식으로 가득한 말을 배에 채우고 있다가 죽이는 말을 쏟아내고 있다고 말한다.
욥은 지혜로운 사람이다. 그의 말은 많은 지혜를 담고 있다. 믿음을 담고 있다. 그러나 엘리바스에게는 '동풍'처럼 들렸다는 것을 생각해 볼 필요가 있다. 욥의 말이 동풍의 성격을 가진 면이 분명 있다. 그래서 하나님께서 나중에 욥을 조금 책망하신다. 그러나 정작 엘리바스는 더욱더 많이 책망받는다. 엘리바스의 말이 오히려 더 동풍이었던 것이다.
욥은 고난의 답을 찾아 말하였다. 그의 친구들은 고난의 답을 말해준다고 하면서 많은 말을 하였다. 그렇게 말하는 것은 좋은 것이다. 말이 없는 것보다 말이 있는 것이 좋다. 답을 찾지 않는 것보다 찾는 것이 좋다. 그런데 항상 조심해야 하는 것은 말에는 항상 동풍이 섞여 있는 경우가 많다는 것을 알아야 한다. 우리는 말을 할 때마다 동풍이 섞여 있다. 그래서 조심하고 또 조심해야 한다.

15:4 네가 하나님 경외하는 일을 그만두어. 엘리바스는 욥의 말뿐만 아니라 그가 말하는 태도를 문제 삼았다. 하나님을 경외하는 태도에서

경건이 나온다. 욥은 본래 경건의 사람으로 칭찬을 받았다. 친구들도 인정하였었다. 그런데 욥이 말을 계속 하는데 그들이 보기에 하나님을 향한 '경외'의 태도가 작아진 것처럼 보였던 것이다. 본래 답을 찾다보면 조금 건방지게 보일 수 있다. 학생이 문제나 답이 이해되지 않아 선생님께 자신의 의견을 말하면서 반박하면 마치 선생님께 대드는 것처럼 보이는 것과 비슷하다. 욥의 말을 보면 항상 하나님을 향하여 먼저 경외를 전제하면서 말하였다. 그런데도 불구하고 경외의 마음을 잃어버리는 것은 조심하고 또 조심해야 할 문제이다. 우리가 하나님께 나갈 때 멀리 계신 하나님(경외)과 가까이 계신 하나님(친밀)의 마음을 동시에 가지고 있어야 하는데 가까이 계신 하나님을 생각하다 조금만 잘못하면 하나님을 향한 경외의 마음이 손상될 수 있다는 것을 항상 기억해야 한다.
하나님 앞에 묵도하기를 그치게 하는구나. '묵도'는 '묵상' 또는 '작은 속삭임' 등의 의미로 '기도'로 번역해도 좋다. 하나님과의 소통하는 모습을 의미한다. 하나님을 향하여 불만하다 보면 하나님과 대화가 멀어질 수 있다. 그것이 답을 찾는 과정이었지만 만약 그것이 하나님께 기도하는 시간을 줄인다면 그것은 잘못이다. 고난의 때에 하나님께 질문한다는 것이 때로는 불평이 되고 불평의 마음은 하나님 앞에 나아가는 것을 가로막는 방해물이 될 수 있다. 그러기에 우리는 답을 찾는다 하여도 답과 상관없이 하나님 앞에 나가 기도해야 한다. 기도하고 싶을 때 만이 아니라 항상 기도해야 한다.

15:7 제일 먼저 난 사람. 아담을 의미하는 것이 아니다. 이것은 아주 오래되어 권위를 가지고 있는 사람을 뜻한다. 또는 고대에 유명한 현자가 있었는데 욥이 그러한 현자가 아니라는 말일 수도 있다. 욥 시대 이전에 많은 현인이 있기에 욥이 자신의 지식이 그들보다 못하다는 것을 자각하고 자신을 돌아보아야 한다는 의미다.

15:8 하나님의 오묘하심을 들었느냐. '하늘의 회의에서 토론된 비밀 지식'을 들었느냐고 묻는 것이다. 하늘에서만이 아는 신비한 지식을

욥이 알수 없다는 말이다. 욥기 시작 부분에서 하늘에서 벌어진 모임의 이야기에 대해 말하고 있다. 욥은 그곳에 참여하지 않았고 그곳에서 벌어진 이야기 내용을 모른다. 어찌 알수 있겠는가? 이것은 욥의 지식의 한계에 대한 말이다.

15:10 네 아버지보다 나이가 많은 사람도 있느니라. 실제로 나이가 많다는 의미일 수도 있고 욥의 아버지보다 먼저 때 만들어진 지식에 대한 이야기일 수도 있다. 지식은 홀로 쌓기 힘들고 지식이 역사 속에서 계속 축적됨으로 더 커진다. 그렇게 많은 지식이 있기에 욥이 홀로 말하고 있는 지식들이 그리 뛰어난 것이 되지 못한다고 말하고 있다.

15:14-16 사람이 어찌 깨끗하겠느냐. 14-16 절은 엘리바스가 가장 강력하게 주장하는 내용이다. 첫번째 말할 때도 말하였던 내용이다. 사람은 '죄가 없는 사람이 없다'는 것이다. 그러기에 욥은 죄 없다 말하지 말아야 한다는 것이다. 그런데 이것은 엘리바스가 욥의 말을 많이 오해한 것이다. 욥은 한 번도 사람이 죄가 없다고 말한 적이 없다. 그가 죄가 없다고 말한 적이 없다. 욥이 말하는 것은 자신이 죄가 없다는 것이 아니라 지금 당하는 것과 같은 고난에 합당한 특별한 죄가 생각나지 않는다는 것이다. 엘리바스의 의견대로 라면 모든 사람이 욥처럼 고난을 받아야 한다. 아니 더 많이 받아야 한다. 그러기에 욥이 욥의 죄 때문에 고난을 받고 있다는 엘리바스의 주장은 틀렸다.

15:20 악인은 일평생에 고통을 당하며. 죄의 보응에 대한 엘리바스의 주장은 그 자체로는 맞다. 악인은 그의 죄 때문에 평생 고통을 당할 것이다. 육체적인 고통과 정신적인 고통을 당할 것이다. 이 세상의 악에 대한 재판을 보라. 그들이 악을 저질렀기 때문에 그들이 감옥에서 고통을 당하고 부끄러움과 두려움을 갖게 되는 벌을 받는다.

사람들은 결코 그들을 불쌍히 여기지 않는다. 악인은 벌을 받아 마땅하기 때문이다.

15:25 손을 들어 하나님을 대적하며. '손을 들어'는 부드럽게 한 번역이다. '주먹을 휘두르며'로 번역하는 것이 의미를 더 잘 전달할 것이다. 하나님을 향해 주먹을 휘두르며 대적하는 것이다. 이것은 자신이 큰 죄를 행하고 있다는 것을 모르는 가장 큰 측면이다. 가장 큰 악행을 하면서도 아주 뻔뻔스럽게 행한다. 그렇게 악행하는 사람들이 자신이 죄를 행하고 있다는 것을 아는가? 세상이 손가락질하지 않기 때문에 그들은 그것이 얼마나 큰 죄인지 알지 못한다. 하나님에 대해 무지하고 모독하는 것은 세상에서 가장 큰 죄다. 이후에 심판장이신 하나님 앞에 섰을 때 세상 어떤 죄가 하나님을 무시한 죄보다 더 크겠는가?

15:31 허무한 것을 믿은 사람은 허무가 그의 보응이 될 것임이라. 세상 모든 일에는 보응이 있다. '보응'으로 번역한 히브리어는 '무역' '보상' '교환' 등의 의미로 사용되는 단어다. 세상 모든 일에 그에 상응하는 것이 있다. 아무리 사소한 것이라 하여도 고구마를 얻고자 하면 고구마를 심어야 한다. 고구마가 아무리 가벼운 것이라 하여도 감자를 심으면 결코 고구마가 나오지 않는다. 껌 한 통이 아무리 값싼 것이라 하여도 그에 상응하는 돈을 주어야 가게에서 가져올 수 있다. 세상 사람들이 하나님을 믿지 않고 저마다의 목적을 가지고 살아간다. 그런데 그 목적이라는 것이 무엇인가? 행복이라는 것이 무엇인가? 그 안에 하나님이 없다면 그것은 허무한 것일 뿐이다. 구름잡는 것일 뿐이다. 그러한 것에 자신의 인생을 맡겼기 때문에 그들이 이후에 허무한 것을 잡게 되는 것은 당연한 일이다.
허무한 그 삶은 실제로는 악행이다. 모든 것을 주신 하나님을 믿지 않고 자신이 보기에 좋은 자신들의 행복을 찾아 선악과를 먹은 아담과 하와의 행동보다 조금도 더 나은 것이 없다. 그들의 악행은 결국 그것에 보응하는 벌이 있다.

15:32-33 그의 날이 이르기 전에 그의 가지가 푸르지 못하리니. 일단 분명 악은 무엇인가를 더 쉽게 얻게 한다. 공부하지 않고 컨닝을 하면 공부를 열심히 한 학생보다 더 좋은 성적을 얻을 수 있다. 뇌물을 쓰면 더 많은 것을 얻기도 한다. 그래서 악을 저지른다. 악인이 그렇게 악한 행위를 하는 것은 열매 때문이다. 이 땅에서 악을 행하면 열매를 더 쉽게 많이 얻을 수 있기 때문이다.

엘리바스는 '가지' '포도나무' '올리브 꽃'을 비유로 들면서 악인은 조금 무엇인가를 이루는 것 같지만 이후에는 잃어버린다고 말한다. 가지가 시들어지고 포도열매가 익기 전에 떨어지며 올리브 꽃이 떨어지는 것처럼 말이다. 악인은 열매가 있는 것 같은데 실제로는 열매가 없다는 것이다. 그의 주장의 칼끝은 욥이다. 욥이 이전에는 잘 나갔었는데 지금은 모든 것을 잃었다. 그래서 그는 욥이 악인이라고 암묵적으로 말하고 있다.

세상 살면서 어쩌면 가장 힘든 것은 권선징악이 이루어지지 않는 현실을 볼 때이다. 세상은 겉으로는 권선징악을 말하지만 실제로는 악이 만연하다. 악이 효과가 있고 열매도 좋기 때문이다. 중간에 떨어지기도 하시만 중간에 떨어지지 않는 경우도 많다. 이기고 출세하려면 악을 행해야 한다고 생각하는 사람들이 많다. 그것이 현실이라고 말한다. 권선징악은 동화에서 나오는 이야기이고 현실은 결국 오직 성공을 위해 악을 거침없이 행하는 사람들로 가득하다.

죄의 보응이 이 세상에서 일어나는 경우가 있지만 모든 죄의 보응이 일어나지는 않는다. 보응이 가장 잘 일어나는 것이 재판이다. 그런데 재판을 해도 돈 있는 사람은 실력 있는 변호사를 사서 벌을 조금 받고 돈이 없으면 변호사를 사지 못하여 더 많은 형벌을 받느 것이 현실이다. 세상에서 가장 공평해야 하는 법정마저 그렇다. 다른 곳에서는 얼마나 많은 불공평이 일어날까?

위대한 철학자라 불리는 칸트는 사람들의 윤리를 위해서는 '신의 사후의 심판을 믿는 것'이 필요하다고 말하였다. 지금 이 세상의 재판과 심판으로는 도무지 세상의 정의가 세워지지 않고 윤리가 세워지지 않는다는 것이다. 모든 보응은 오직 영원한 나라에서 일어난다. 이 땅의 보응은 정확하지 않고 아예 일어나지 않기도 한다. 정확한 보응은 모든 것을 정확히 심판하시는 하나님 앞에서의 심판과 영원한 나라에서의 보응이다. 그것만이 정확한 보응이다.
엘리바스가 죄의 보응이 이 땅에서 다 일어나고 있는 것처럼 말한 것은 틀렸다. 그러나 영원한 나라에서는 반드시 보응이 정확히 있다. 죄의 진정한 보응이 있는 영원한 나라에서 죄의 보응을 당하지 않도록 깨어나야 한다.

16 장

엘리바스 충고에 대한 욥의 대답

16:2 너희는 재난을 주는 위로자들이로구나. '재난을 주는'은 '문제를 만드는' '해를 주는' 등의 의미를 가진다. 욥은 그의 친구들이 그를 위로한다고 와서 말을 하였지만 실상은 욥을 더 아프게 하고 있다고 말한다.

16:4 나도 너희처럼 말할 수 있나니. 욥의 친구들이 말하는 것은 특별하지 않고 일반적인 말이었다. 욥의 경우를 말하는 것이 아니라 일반적인 경우를 두고 하는 말이다. 일반적으로는 맞는 말일 수 있어도 욥에게 해당하는 말은 아니었다.
너희를 향하여 머리를 흔들 수 있느니라. '머리를 흔든다'는 것은 '조롱'이나 '경멸'을 의미하는 행동이다. 욥은 친구들의 위로가 위로가 아니라 조롱과 경멸로 들렸던 것이다.

16:7 주께서 나의 온 집안을 패망하게 하셨나이다. 하나님께서 욥의 집을 망하게 하셨다. 그런데 사실 이것이 희망이다. 세상 사람들이

우리를 패망하게 하면 그것으로 끝이다. 우리를 패망하게 하고 자신들의 배를 채우는 것이 그들의 목적이기 때문이다. 그들은 악하기 때문에 악을 행하고도 전혀 거리낌이 없다. 그러나 하나님께서 패망하게 하셨을 때는 다르다. 하나님은 선하신 분이다. 우리를 사랑하시는 분이다. 그러기에 하나님께서 패망하게 하셨으면 패망이 목적이 아니라 그것으로 이루려고 하시는 선한 뜻이 있으실 것이다. 우리를 향한 더 선한 뜻이 있으시기에 패망하게 하셨을 것이다. 하나님께서 패망하게 하셨으면 희망이 있다.

16:10 모욕하여 뺨을 치며 나를 대적하는구나. 욥은 외적으로 내적으로 수많은 고통과 모욕을 당하고 있었다. 아파하고 있다.

16:12-13 나를 세워 과녁을 삼으시고 화살들이 사방에서 날아와 사정없이 나를 쏨으로 내 콩팥들을 꿰뚫고. 욥은 자신을 공격당하는 성으로 묘사한다. 수많은 화살들에 의해 성이 망가지고 무너지듯이 욥은 그렇게 수많은 화살을 맞으며 무너지고 있었다. 완전히 폐허가 되어가고 있었다.

16:16-17 울음으로 붉었고 죽음의 그늘이 있구나. 고통과 아픔으로 가득하다. 그러나 그는 이렇게 많은 화살을 맞으면서도 한 마디를 외친다. **내 손에는 포학이 없고 나의 기도는 정결하니라**. 마치 '지구가 태양을 돈다'고 외쳤던 말처럼 욥은 끝까지 자신의 순결을 외친다.
수많은 공격을 당하여 무너지고 죽을지언정 우리가 욥처럼 '순결'을 외칠 수 있다면 그러면 성공한 것이다. 성공하고 있는 것이고 성공한 것이다. 수많은 화살을 맞으면서도 항복하지 않은 성처럼 욥은 수많은 화살을 맞으면서도 거짓을 행하지 않았다. 그는 자신에게서 죄를 발견하지 못하고 '순결'을 발견하였으며 그 순결을 끝까지 지켰다. 그것이 복이다. 그가 맞고 있는 화살이 참으로 고통이라면 그가 지키고 있는 순결은 모든 화살을 이기는 방패다. 겉으로는 화살에 성

안의 모든 것이 갈기갈기 찢긴 것 같지만 실상은 그가 지킨 순결로 인하여 그의 인생은 영광으로 번쩍번쩍 수놓여 지고 있는 것이다.

욥이 엘리바스의 충고에 대답하며 하늘에 호소하는 내용

16:18 땅아 내 피를 가리지 말라. 그는 자신의 억울함이 가려지지 않고 들려지기를 원하였다. **나의 부르짖음이 쉴 자리를 잡지 못하게 하라.** '쉴 자리'는 '숨겨진 자리'로 번역할 수도 있다. 욥은 자신의 부르짖음이 다른 사람들에게 숨겨지는 것이 아니라 들려지기를 원하였다.
욥이 고난 받음으로 사람들은 그를 죄인으로 취급하였다. 그렇게 죽으면 사람들에게 욥은 죄인으로 기억될 것이다. 욥은 그것이 억울하였다. 자신이 그렇게 비난받아야 할 특별한 죄가 없는데 자신이 죽음으로 억울함이 가려지는 것을 두려워하였다.

16:19 나의 증인이 하늘에 계시고. 비록 세상 사람들은 모두 그를 죄인 취급하지만 그가 죄인이 아니라는 것을 하늘에 계신 분은 분명히 알고 계시다 말하며 위안을 말한다. 세상 사람들이 욥의 마음을 참 몰라주었다. 욥은 그것이 억울하였다. 그러나 욥이 좌절하지 않을 수 있었던 것은 하늘에서는 그의 무죄를 알고 있을 것이라는 믿음 때문이다. 세상 사람들은 그냥 그럭저럭 괜찮은 사람으로 생각하지만 하늘에서는 죄인으로 판단되는 사람들이 많다. 그러나 욥은 지금 고난 받는다는 것 때문에 세상에서는 죄인 취급받고 있지만 하늘에서는 분명 죄인 취급을 받지 않을 것이라는 확신을 가지고 있었다.
그렇게 확신할 수 있다는 것이 복이다. 우리는 세상에서 어떤 평가를 받든지 하늘 앞에서 부끄러움 없는 사람이 되는 것이 중요하다.

16:20 내 눈은 하나님을 향하여 눈물을 흘리니. 욥은 친구들이 그를 조롱하는 것을 들었다. 그러나 그는 하늘의 하나님이 계셨다. 그는 비록 지금 하나님께서 무슨 이유로 해결해 주시지 않는지는 모르지만

하나님은 선하신 분이니 하나님을 의지하면서 하늘을 향하여 눈물을 흘리며 엎드렸다.
세상을 너무 의지하지 말아야 한다. 세상은 겉으로 보이는 것에 크게 좌우된다. 욥이 재산이 많고 잘 나갈 때는 의인이라 말하였는데 재산을 잃고 고난을 받자 욥을 죄인 취급하였다. 욥이 바뀐 것은 전혀 없는데 말이다. 그것이 세상 인심이다. 오늘날에도 여전히 그러하다. 돈이 많고 성공하였으면 '존경한다' 말하고 돈이 없고 성공하지 못하면 사람들이 곁에 오지도 않는다. 사람들에 의해 휘둘리지 말아야 한다. 우리를 심판하시는 분은 사람이 아니라 하나님이다. 사람의 평가에 휘둘리지 말고 늘 하나님의 평가 앞에 서야 한다.

17 장

17:3 나에게 담보물을 주소서. 욥은 하나님을 향하여 '나를 위해 보증을 서 주소서'라고 요청한다. 세상 사람들은 욥을 죄인 취급하였다. 그가 죄인이 아니라는 말을 믿지 않았다. 욥은 그의 명예와 신앙이 감옥에 갇힌 것처럼 땅에 떨어졌다. 그래서 하나님께서 보석금을 주셔서 욥이 풀어날 수 있도록 해 달라고 요청하고 있는 것이다. 하나님은 욥이 죄인이 아니라는 것을 아실 것이니 죄인이 아니라는 것을 증명하기 위해 욥을 위해 보석금을 내 달라는 것이다. 욥이 지금 보석급을 요청할 곳은 아무곳도 없었다. 사람들은 욥을 죄인으로 여기고 있기 때문에 욥이 죄인이 아니라고 항변해 줄 사람이 없었다. 오직 하나님만이 욥의 편에 서서 진실을 밝혀 '욥이 죄인이 아니다'고 항변해 주실 수 있다. 욥은 하나님을 향하여 그것을 요청하고 있다.
나의 손을 잡아 줄 자가 누구리이까. 욥의 손을 잡고 공동 운명에 처할 사람은 아무도 없었다. 욥이 고난 받고 있었기 때문이다. 그래서 하나님께서 손을 잡아 주시기를 간구하고 있다. 이것도 앞의

'보석금'과 같은 맥락이다. 독일의 어떤 성경(GECL)은 '다른 누가 나를 위하여 그의 손을 불에 넣겠습니까?'라고 의역하여 번역하였다. 사람들은 욥의 손을 잡는 것은 욥과 함께 죄인이 되는 것이라 생각하였다. 그러나 욥은 자신이 죄인이 아님을 알았다. 하나님께서 그것을 아신다. 그러니 하나님께서 자신의 손을 잡아 주시라고 요청하는 것이다.

엘리바스에 대한 욥의 마지막 반박

17:6 내 얼굴에 침을 뱉는구나. 욥은 사람들의 조롱의 대상이 되었다. 외적인 아픔도 큰데 불명예는 욥의 마음을 더 아프게 하였다.

17:7 내 눈은 근심 때문에 어두워지고. 그의 마음이 아픔이 크다는 것을 보여준다.

17:8 정직한 자는 이로 말미암아 놀라고. 욥이 올바른 길을 가고 있기 때문에 '정직한 자'와 '죄 없는 자'는 분명히 욥을 지지하고 있을 것이라 생각하였다. 그들이 지금 드러난 것은 아니지만 말이다. 욥은 자신이 올바른 길을 가고 있음을 확신하였다. '진리'는 확신이 필요하다. 세상 사람들은 환경에 의해 다른 말을 한다. 자신들의 감정에 따라 다른 말을 한다. 남의 말이라고 쉽게 다른 말을 한다. 그러한 세상에서 진리의 길을 가는 사람은 자신이 진리라고 믿는 길에 대한 확신이 필요하다. 확신을 가지고 흔들리지 않아야 그 길을 계속 갈 수 있다.

17:9 의인은 그 길을 꾸준히 가고. 의인은 그가 가고 있는 길이 의로운 길이라는 것을 알기 때문에 계속 그 길을 갈 것이다. 의인은 꾸준함이 있다. **손이 깨끗한 자는 힘을 얻느니라.** 선한 길을 가는 사람은 그 길을 가면서 계속 더 힘을 얻게 되고 강하게 될 것이다. 그 길이 때로는 힘든 길이어도 더욱 강하게 갈 수 있다. 강하신 하나님께서 함께 하실 것이기 때문이다.

욥이 이렇게 말하는 것은 자신이 의인으로서 그 길을 꾸준히 갈 것임을 말하는 것이다. 그는 비록 지금 사방에서 공격을 당하고 있지만 하나님의 선하신 뜻을 따라 길을 가고 있기 때문에 이후에 더 강하게 될 것임을 확신하며 말하고 있다.
이 구절은 학자들이 가장 어려워하는 본문이다. 문맥에서 너무 안 맞다고 생각하기 때문이다. 그러나 나는 이것이 가장 어울리는 구절이라 생각한다. 욥의 믿음을 가장 잘 보여주는 것이라 판단한다.

17:10 가서 다시 잘 생각해 보고 오라. 욥의 친구들이 한 말이 하나님의 인도하심을 말하지 않고 엉터리였기 때문에 그는 자신이 가고 있는 길이 믿음의 길이요 의인의 길임을 확신하였다.
욥의 확신이 부럽다. 우리는 욥처럼 우리가 가고 있는 길에 확신을 가져야 한다. 그가 이런 확신을 가질 수 있었던 것은 지금까지 그가 걸어오면서 하나님과 동행을 많이 경험하였기 때문일 것이다. 그가 진정 사랑으로 이웃을 섬겼기 때문일 것이다. 그의 마음이 순결하게 살아왔기 때문일 것이다. 우리도 고난의 때에 이런 확신을 가질 수 있도록 오늘 그렇게 살아야 한다.

17:11 다 끊어졌구나. 그는 재산이 많고 힘이 있을 때 여러 선한 계획을 세우기도 하였을 것이다. 하나님의 백성으로 세상에서 선한 영향력을 발휘하며 살아갈 계획과 소원이 있었을 것이다. 그러나 이제 다 끝났다고 생각하고 있다.

17:12 "내 친구들의 말이 '밤이 대낮이 된다' 하지만, '밝아온다' 하지만, 내가 이 어둠 속에서 벗어나지 못한다는 것을, 나는 알고 있다." (욥 17:12 새번역) 친구들은 '밝아온다'고 말한다. 친구들은 욥에게 회개만 하면 된다고 말하였다. 그러나 그들이 말하는 회개는 무지함에서 나온 말이다. 욥에게는 회개가 필요한 것이 아니다. 그러기에 친구들의 말은 거짓 희망이다. 욥은 친구들이 말한 '희망'이 거짓 조언임을 알았다.

17:13 내가 스올이 내 집이 되기를 희망하여. 13 절-14 절은 가정문이다. 15 절이 결과절이다. 자신이 죽음을 희망하여 그렇게 끝난다면 희망이 어떻게 될지 말하고 있다.

17:15 죽음이 그에게는 어쩌면 안식이 될 수 있다. 그러나 그렇게 되면 여전히 그 안에 있는 희망이 감추어지고 사람들이 보아야 할 희망을 보지 못하게 될 것에 대한 묵상이다.
욥은 자신의 죽음이 한 편으로는 지금 소원하는 것이지만 한편으로는 자신 안에 여전히 있는 희망을 사람들이 보지 못하고 오해하고 그들이 희망을 놓칠까봐 그것을 염려한다. 그는 죽음이 두려운 것이 아니라 사람들이 희망을 보지 못할까봐 두려워한다. 곧 그에게는 여전히 희망이 있다는 것을 의미한다. 그는 의인이 갖는 희망을 가지고 있었다.

18 장

빌닷이 욥을 책망한 내용.

18:4 자기 자신을 찢는 사람아. 빌닷이 생각할 때 욥은 말로 자신을 해코지하는 사람이었다. 욥은 자신의 당당함을 말하였다. 빌닷이 생각할 때 욥의 그러한 당당함이 '스스로를 찢는 행동'이라 생각한 것으로 보인다. 욥이 고난 받으면 없는 죄라도 만들어 회개해야 할텐데 욥은 그렇게 하지 않았기 때문이다. 그러나 욥의 당당함은 거짓 가운데 당당함이 아니었다. 욥의 당당함은 의로움 가운데 당당함이었다. 믿음에서 나오는 당당함이었다. 그러기에 욥은 자신을 찢는 사람이 아니다. **너 때문에 땅이 버림을 받겠느냐.** 빌닷은 욥이 일반 상식을 무시한다고 생각하였다. 사람들과 욥의 대결이라

생각하였다. 욥이 옳다면 '너 때문에 땅에 사는 사람들이 틀리기에 떠나는' 것이 될텐데 그것이 말이 되느냐고 묻는다.
진리는 다수결에 의해 결정되는 것이 아니다. 때로 진리의 길을 가는 것은 매우 외롭다. 때로는 모든 사람이 반대편에 서 있는 것처럼 느낄 수도 있다. 그러나 그것이 진리의 길이라면 그 길을 가야 한다. 욥은 그렇게 진리의 길을 가고 있고 빌닷은 대중의 이름을 빌려서 욥을 비난하고 억압하였다. **바위가 그 자리에서 옮겨지겠느냐**. 빌닷은 '욥 한 사람을 위해 산이 무너지고 바위가 옮겨지는 일이 일어나겠느냐'고 말한다. 욥이 고난을 받고 있기 때문에 그가 죄인이고 그가 문제라고 보는 것이 정상이며 사회 법칙이라 말하고 있다. 그러나 욥이 진리 편에 서 있다면 욥 한 명 때문에 하나님께서 '바위를 옮기신다'는 것을 빌닷은 모른다.

18:5 악인의 빛은 꺼지고. 빌닷은 5 절-21 절에서 악인의 운명에 대해 자세히 말한다. 악인은 이전에 빛이 있었어도 결국 꺼질 것이라는 말이다. 욥을 두고 하는 말 같다. 욥이 이전에 잘 나갔다면 그것은 잠시이고 악인이기 때문에 이제 꺼질 것이라 말한다. 빌닷은 앞에서는 '네 시작은 미약하였으나 네 이후는 심히 창대하리라'고 말하였다. 욥이 회개만 하면 이전의 영광이 미약하게 보일 정도로 이후에 더 창대하게 될 것이라고 권고하였다. 그러나 이제는 욥을 향하여 저주를 퍼붓고 있다.

18:13 질병이 그의 피부를 삼키리니. '너는'이라고 말하지 않고 '악인은'이라고 말하고 있지만 빌닷의 비난은 노골적으로 욥을 향하고 있다. 피부병으로 괴로워하고 있는 욥을 향해 참으로 모진 독설을 퍼붓고 있다.

18:19 후손도 없고. 자식들도 다 죽은 상황에서 욥을 향한 그의 이러한 말은 사실 저주같다. 구체적으로 욥이라 하지 않았지만 실제는 욥을 향한 악인의 운명에 대한 말은 욥을 심히 아프게 하였을 것이다.

칼만 안 들었지 실제로 칼로 찌르는 것보다 더 아픈 말이었을 것이다. 빌닷의 말대로 악인은 그렇게 될 것이다. 아니 그가 말한것보다 더 비참해질 것이다. 그러나 그가 말하고 있는 악인은 누구에게 더 해당될까? 욥이 아니라 빌닷이 더 대상이 될 것이다.
하나님께서 욥을 위해 위대한 일을 행하고 계시는데 빌닷은 욥을 비난하고 있었다. 욥이 고난 받는 약자라고 쉽게 비난하고 있다. 사람들은 하나님의 백성을 비난하는 경우가 많다. 그들이 하나님께서 사랑하는 사람을 비난하면 하나님을 비난한 것과 같은데 말이다. 사람을 무너지게 하는 것이 아니라 사람을 세우는 일에 힘을 다하라. 사람을 사랑하는 일에 힘을 다하라.

19 장

빌닷의 말에 대한 욥의 반박.

19:2 너희가 내 마음을 괴롭히며. 욥은 친구들의 말이 더 아팠고 더 깊은 상처를 입었다.

19:3 열번이나 나를 학대. '열 번'은 실제적으로 열 번이 아니라 그만큼 '자주'라는 의미다. 그들의 말은 은근히 때로는 노골적으로 욥을 비난하고 조롱하는 내용이었다. 욥은 그들의 비난과 조롱에 대해 자신이 대답하였음에도 불구하고 그들이 잘못하였음을 시인하지 않고 잘못 말한 것에 대해 부끄러워하지 않는다고 말하였다.

19:4 허물이 있다 할지라도 허물이 내게만 있느냐. 친구들이 말하는 죄는 욥에게만 있는 특별한 죄가 아니라 '사람은 죄가 있다'고 말하였다. 그러나 그러한 죄는 욥에게만 있는 것이 아니라 모든 사람에게 있다.

19:5 너희가 나를 향하여 자만하여. 욥이 고난 중에 있다. 아무것도 없다. 그들은 고난이 없다. 여러가지를 가지고 있다. 그래서 욥에게 교만한 마음을 가질 수 있었다.

19:6 하나님이 나를 억울하게 하시고. 자신의 죄 때문에 생긴 것이 아니라 무슨 이유인지는 모르고 억울한 일이지만 하나님께서 그에게 고난을 주신 것이라 말한다. 자신의 죄 때문이 아니라 하나님의 뜻에 의해 주신 것이라 말한다. 욥은 하나님의 뜻을 찾았다. 그러나 친구들은 욥의 죄를 찾았다. 욥의 친구들은 욥이 고난 때문에 부끄러워하고 회개해야 한다고 말했지만 실상은 욥의 친구들이 욥의 아픔을 공감하지 못하고 비난한 것에 대해 부끄러워하고 회개해야 했다.

19:7 내가 폭행을 당한다고 부르짖으나 응답이 없고. 그는 하나님께 부르짖었다. 그러나 하나님께서 응답하지 않으셨다. 이전에는 참 친절하셨던 하나님께서 갑자기 불친절 하신 것 같고 늘 상냥하셨던 하나님께서 언제부턴가 답이 없으셨다. 하나님께서 답이 없으시다고 함께하시지 않는 것이 아니다. 그러나 욥이 하나님의 무응답에서 고독을 느낀 것은 당연하다. 신앙인이 하나님으로부터 응답이 없으면 그것은 참 힘든 일 중에 하나다.

19:13 나를 아는 모든 사람이 내게 낯선 사람이 되었구나. 이전에 친밀했던 사람들이 아예 모르는 사람처럼 대하였다. 세상의 부의 결핍은 사람의 결핍을 낳는다. 사람들이 멀리 멀리 떠난다.

19:17 내 아내도 내 숨결을 싫어하며. 재산이 없고 아파하고 있으면 가장 가까운 배우자도 싫어할 수 있다. **내 허리의 자식들도 나를 가련하게 여기는구나.** 앞에서 자식들이 다 죽었기 때문에 여기에서 나오는 자식들은 첩에서 나온 자식들을 의미하든지 아니면 손자손녀들을 의미하는 것일 수도 있다. 아니면 형제들을 의미할 수도

있다. 그렇게 가장 가까운 이들에게도 '메스꺼운' 존재가 될 수 있다. 자식들도 돈이 있어야 좋아한다. 돈 다 잃고 노숙인보다 못한 모습으로 온 몸에 병이 있는 아버지를 누가 좋아하겠는가?

19:18 어린 아이들까지 나를 조롱하는구나. 아이들이 나이 많은 어른을 조롱하는 것은 매우 예의가 없는 행동이다. 그러나 욥은 그렇게 조롱당하였다.

19:19 내가 사랑하는 사람들이 돌이켜 나의 원수가 되었구나. 가까운 사람이 멀리 가는 것을 넘어 원수가 된 사람이 있었다. 돈 빌려달라고 할까봐 원수처럼 굴기도 한다.

19:20 남은 것은 겨우 잇몸뿐이로구나. 모든 사람들이 등을 돌린 지금 욥의 몸이라도 성하면 좋겠지만 이도 빠지고 잇몸만 남은 것일까? 욥 자신의 몸도 배신한 것 같다. 오직 정신 하나만 외롭게 근근히 버티고 있다.
모든 것을 잃어버린 절대고독의 시간이다. 이 고독을 누가 알아줄까? 욥은 모든 것이 떠난 것을 알았다. 그러나 하나님을 향해서는 떠났다고 말하지 않았다. '응답하지 않으신다'고 하였다. 그는 믿었다. 하나님은 결코 떠나지 않으심을. 그래서 그는 계속 하나님을 찾았다. 하나님께서 응답해 주실 때까지.
절대고독은 경험하고 싶은 않은 아주 끔찍한 일이다. 그러나 세상살이가 화려하여 불나방이 끼듯이 수많은 것으로 채워졌지만 만약 하나님이 계실 곳이 없어 그가 그렇게 인생을 마친다면 그는 가장 끔찍한 인생을 산 것이다. 만약 그가 절대고독 때문에 하나님께 조금이라도 더 가까이 갈 수 있었다면 그는 복된 사람이다. 그가 절대고독의 고통을 당한 것은 짧고 하나님께 가까이 간 그것은 영원토록 복된 것이 될 것이기 때문이다. 어쩌면 사람은 절대고독이 절대적으로 필요하다. 죄인이 깨지기 위해 절대고독이 꼭 필요하다. 그러기에 우리는 고난의 시기에 다가오는 절대고독을 슬퍼할 것이 아니라 하나님께 멀리 있는 것을 슬퍼하고 하나님께 한 걸음이라도 더 가까이 가는 계기가 되어야 한다.

욥은 심판을 생각하면서 고난을 이기고 있다

19:21 나를 불쌍히 여겨다오. 욥의 친구들은 욥이 고난 받는다는 사실 하나만으로 다른 증거없이 욥을 비난하고 공격하였다. 그들을 향해 욥은 두 번이나 반복하여 말하며 긍휼을 구한다. 고통당하는 욥을 보면 불쌍히 여겨야 할텐데 그들은 욥이 '잘못한 것이 없다'고 하니 오기가 났는지 모진 말을 쏟아냈다. 그러나 욥이 없는 죄를 고백할 수는 없다. 그들이 욥을 불쌍히 여기는 마음이 생겨야, 긍휼히 여기는 마음이 생겨야 욥의 입장에서 조금 더 생각해 볼 수 있을 것이다. 그러나 욥을 긍휼히 여기는 마음을 잃었기 때문에 욥이 주장하는 것을 다시 생각해 보지 않고 더욱더 모질게 공격하였다.

19:23-24 기록. 자신의 말이 책에 기록되거나 돌에 새겨졌으면 좋겠다고 말한다. 지금은 아니어도 이후에 자신과 자신의 말이 옳았다고 증명될 수 있도록 기록되었으면 좋겠다고 말하였다.
지금은 욥이 고난 가운데 있다는 것만으로 욥이 무엇을 말하여도 친구들이 곧이 듣지 않았다. 그러기에 기록되어 이후에 다시 판단되어 자신과 자신의 말이 틀린 것이 아님을 증명받고 싶은 마음으로 가득하다. 욥의 소원데로 성경에 기록되어 그의 억울함이 해소되었다.

19:25 나의 대속자가 살아 계시니. 이것은 하나님을 두고 한 말이다. 그가 이름은 알지 못하였지만 예수 그리스도임이 분명하다. 하나님은 언제나 살아 계신다. 다 지난 일도 다 기억하시며 심판하신다. '대속자'라는 것은 유명한 히브리어 '고엘'(고알리)이다. 룻기에서 보아스가 대속자(고알리)로 나온다. 때로는 피의 복수자로 번역되기도 한다. 욥의 경우는 '대언자' '변호인' 정도가 좋을 것 같다. **그가 땅 위에 서실 것이라.** '그가 법정에 서실 것이라'는 의미다. 예수

그리스도께서 욥의 최후 변호인이 되셔서 그가 죄 없음을 변호하시고 선포하시는 것을 말한다.

19:26 내 가죽이 벗김을 당한 뒤에도. 욥은 마지막을 생각하였다. 혹이 세상에서 자신의 정당함이 끝내 증명되지 못하고 이 땅을 마칠 수 있다. 그러나 그래도 그가 끝까지 진리의 길을 갈 수 있는 이유가 있다. **내가 육체 밖에서 하나님을 보리라.** '육체 밖에서'는 두 가지 해석이 가능하다. 1.죽음 이후(육체 밖에서) 2.부활 이후(육체 안에서). 히브리어 단어 해석이 둘 다 가능하고 문맥적으로도 둘 다 가능하다. 사실 둘 다 담고 있을 수도 있다. 그는 이 땅에서 비록 '옳다' 인정함을 받지 못하였다 하여도 사실은 옳아서 죽어서 '하나님을 보게' 될 것이다.

19:27 그를 낯선 사람처럼 하지 않을 것이라. 그는 죽으면 지옥이 아니라 천국에 가게 될 것이다. 그래서 하나님이 낯선 분이 아니라 친밀한 분이 될 것이다. 그는 세상에서는 옳음이 증명되지 않아도 죽음 이후에는 옳음이 인정되어 하나님 앞에 서게 될 것이기에 고난을 부끄러워하지 않았다. **내 마음이 초조하구나.** 이것은 '내 마음이 쇠약해졌다'로 번역할 수 있다. 하나님을 향한 열망으로, 하나님을 향한 열망에 힘을 다 써서 쇠약해졌음을 말한다. 어쩌면 이제 마지막 숨을 거두고 하나님 앞에 서게 될 순간을 기다리고 있는 모습이다.

19:28 너희가 우리가 그를 어떻게 칠까 하며. 욥은 하나님을 열망하며 하나님 앞에 서 있는데 욥의 친구들은 여전히 부당하게 욥을 비난하고 있었다. 그들이 비록 진짜 욥이 잘못하였다고 생각하여 비난한다 하여도 잘못하고 있다. 판단의 잘못으로 잘못된 행동을 하고 있다. 그러한 행동에는 책임이 따른다.

19:29 너희는 칼을 두려워할지니라. '칼'은 심판을 상징한다. 욥은 친구들의 조롱과 비난이 심판을 받는다고 경고하였다. **심판이 있는**

줄을 알게 되리라. 심판이 있다. 모든 것을 정확히 판단하시는 심판이 있다. 지금은 비록 욥의 친구들이 옳은 것처럼 말하고 욥이 비난받고 있지만 하나님께서 모든 것을 아시고 바르게 심판하실 것이다.
욥이 고난의 때에 심판을 생각하면서 이기는 모습을 보았다. 사람들은 고난을 심판이라 생각하면서 욥을 비난하였다. 그러나 고난은 심판이 아니다. 우리는 지금이 아니라 주님의 심판을 기준으로 판단해야 한다. 지금 '고난이 있고 없고'가 중요하지 않다. 마지막 심판의 때 하나님 앞에 설 때 죄가 없어야 한다. 옳은 일을 행하면서 당한 억울한 일은 하나님께서 변호하여 주실 것이다. 지금 고난에 주눅들지 말고 오직 심판의 때에 하나님 앞에 어떻게 평가될지를 늘 생각하면서 살아야 한다.

20 장

세 번째 친구 소발이 욥을 책망하는 말. 총 3 라운드로 되어 있는 욥과 세 친구의 말싸움에서 2 라운드 3 번째 선수로 나와 말하고 있다. 그는 3 라운드에는 나오지 않는다. 이번이 마지막 말이다.
소발은 악인에 대해 책망한다. 악인이 혹 번영하여도 그 번영과 행복이 오래가지 못한다고 말한다. 정확히 맞는 말이다. 그러나 그가 정확히 이해한 것은 아니다.

20:5 악인이 이긴다는 자랑도 잠시요. 악인이 이길 때가 있다. 그러나 그것은 '잠시'라는 시간일뿐이라고 말한다. 정확히 맞는 말이다. 그러나 소발이 생각한 '잠시'는 구체적으로 기간이 얼마나 될까요? 1 년? 10 년?

20:6 존귀함이 하늘에 닿고. 악인이 승리하여 '존귀함'으로 여김을 받는 것에 대한 말이다. 그런데 '하늘에 닿기까지' 존귀하게 되려면 시간이 조금 많이 걸릴 것이다.

20:7 자기의 똥처럼. 아주 높이 존귀함을 받았다 할지라도 '똥처럼 영원히 망할 것이라'고 말한다. '똥처럼 망한다'는 것이 무엇을 의미할까? 상상해 보라. 술을 먹고 집 앞에 똥을 쌌다. 다음날 어떻게 될까? 냄새가 진동할 것이다. 똥 냄새가 온통 가득하다. 순식간에 똥 이야기가 주인공이 된다. 똥이 주인공이 된 것은 좋아서가 아니다. '똥처럼 망한다'고 말한다. 그렇게 사람들의 코와 마음에 가득했던 똥은 순식간에 치워진다. 허겁지겁 치울 것이다. 그곳에 똥이 있었다는 것을 사람들이 생각도 하지 못할 정도로 빠른 시간에 치울 것이다. **악인은 영원히 망할 것이라**. 악인의 망함은 '영원의 시간' 안에서 영원히 파괴되는 것이다. 소발이 '영원'을 말하고 있는데 실제로는 영원에 대해 잘 몰랐다. 그는 욥이 고난 받고 있기 때문에 악인이라고 보았다. 악인이 심판받는 것이라 생각하였다. 욥은 그렇게 끝날 것처럼 보였다. 그러나 실제로는 욥은 영원이라는 시간에 하나님께 크게 상급을 받으며 성공과 행복을 누리게 될 것이다. 소발이 영원이라는 시간을 잘 보지 못하였기 때문에 욥의 고난을 잘못 판단하였다. **그를 본 자가 이르기를 그가 어디 있느냐 하리라.** 똥이 있을 때는 전부인 것 같았지만 순식간에 사라진다. 그것처럼 악인의 성공은 찬란하고 자랑스럽게 보일지 모르지만 그곳에 있는 것이 수치스러운 일이어서 어느 순간에 사라질 것이다. 사라지면 사람들은 그들의 영화에 대해 칭찬하지 않는다. 기억도 하지 않을 것이다. 악인의 성공과 행복은 똥의 시간을 살고 있을 뿐이다.

20:8 그는 꿈 같이 지나가니. 꿈은 경험하는 것이다. 그러나 그 경험은 실제가 아니다. 단지 그의 머릿속에서의 상상일 뿐이다. 그래서 실제가 아니다. **악인은 밤에 보이는 환상처럼 사라지리라.** 하룻밤의 환상처럼 그렇게 빨리 사라질 것이다. 그런데 만약 영원이 아니라 이 세상의

시간으로만 본다면 이것은 매우 큰 거짓말이 될 것이다. 주변에서 악인인데 잘 사는 사람들이 있을 것이다. 결코 하룻밤이 아니다. 그들은 10 년 전에도 잘 살았고 지금도 잘 살고 있다. 악인이 사라지는 것이 '밤에 보이는 환상처럼 사라지는' 것이 되는 것은 영원의 시간을 함께 생각할 때 그렇다. 영원이라는 시간에 비하면 100 년도 하룻밤보다 짧기 때문이다. 악인이 이 땅에서 100 년을 잘 살아도 그것은 하룻밤보다 더 짧은 시간이다.

20:12-14 '달게 여겨' 악을 행한다. 그런데 **'뱃속에서 독사의 독'**이 된다. 사실 처음부터 독이었다. 그런데 밖에 있을 때 달게 보였을 뿐이다. 그것이 아무리 달게 보이고 좋아 보여도 독이 되지 않을지를 생각해 보아야 한다. 이유, 방법, 목적 등 어느 것 하나만 잘못되어 있어도 그것은 꿀이 아니라 독이다.

20:18-19 수고하여 얻은 것을 삼키지 못하고. 수고하며 많은 돈을 벌었어도 그것을 제대로 사용하지 못하고 잃어버리거나 죽는 것을 의미한다. '개처럼 벌어 정승처럼 쓰려고' 하였는데 '아껴서 개주는 경우'가 많다. 19 절은 18 절의 이유다. 그렇게 열심히 벌었는데도 그것을 제대로 사용하지 못하고 그것으로부터 즐거움을 얻지 못하는 것은 그가 '가난한 자를 학대하여' 벌었기 때문이라 말한다. 그것은 돈 버는 방법이 잘못되었음을 의미한다. 남의 눈에 피눈물 나게 만든 사람이 어찌 자신의 눈에서는 웃음의 눈물이 날 수 있겠는가?

20:20-21 마음에 평안을 알지 못하는. 탐욕에 대한 말씀이다. 탐욕이 너무 크기 때문에 평안을 얻지 못한다. 탐욕으로 다 먹어치우면 결국 남는 것이 하나도 없다. 탐욕으로 씨앗까지 먹는 것이다. 탐욕으로 계속 먹어 치우면 어떻게 될까? 남는 것이 하나도 없다. 다 성공하였는데도 결국은 아무것도 남지 않는다. 백번 양보하여 악인이 계속 성공하여도 결국은 망하는 것이다.

20:22 풍족할 때에도 괴로움이 이르리니. 악인이 열심히 모아서 분명 풍족하였다. 그러나 그가 저질러 놓은 악이 그냥 그렇게 끝나지 않는다. **재난을 주는 자의 손이 그에게 임하리라.** 여기에서 '재난을 주는 자의 손'은 그의 악에 의해 억압받은 사람을 의미한다. '지렁이도 밟히면 꿈틀거린다'고 억압받던 사람이 어느날 그에게 원수를 갚는 때가 있다는 말이다.

20:23 자신의 배를 불리려 할 때. 하나님께서 '맹렬한 진노'를 내리신다. 철 병거를 피하면 놋 화살이, 놋 화살을 피하면 창이 그에게 날아온다. 그래서 바람 잘 날이 없다. 앞으로 이익을 본 것 같은데 뒤로 손해를 본다.

20:26 사람이 피우지 않은 불이 그를 멸하며. 사람이 피우는 불은 어느정도 예상을 할 수 있는데 사람이 피운 불이 아니라 불가항력적으로 임하는 큰 불이 임할 것이다. 하나님께서 그에게 재앙을 내리시는 것이다.

20:28 가산이 떠나가며. 큰 홍수가 나서 그가 아등바등하며 모은 모든 것을 떠 내려가게 하신다는 것이다.

지금까지 나온 악인에게 일어나는 재앙은 악인에게 일어나는 심판이 아니라 작은 심판이다. 유일하고 큰 심판은 영원하다. 그러나 이 세상에서도 작은 심판으로서 이러한 일이 일어난다. 그것은 악에 대한 경고다. 그래서 이러한 재앙이 있을 때 자신이 악인으로서 재앙을 받는 것인지 아닌지를 분별해야 한다. 소발이 말하고 있는 악인의 재앙은 욥을 향한 것이었지만 욥의 고난은 악인의 재앙이 아니었다. 그러나 악인의 재앙을 받는 사람도 많다. 악인의 재앙을 받는 사람들은 빨리 악에서 돌이켜야 한다.

21 장

욥이 소발의 말에 응답.

21:2 내 말을 자세히 들으라. 욥은 자신이 말하는 것을 조금 더 주의를 기울여 들어달라고 말한다. 친구들의 충고가 겉도는 것 같이 느꼈기 때문일 것이다. **이것이 너희의 위로가 될 것이니라.** 친구들이 위로를 하기 위해서는 욥의 말을 잘 들어야 지금 욥에게 필요한 것이 무엇인지를 말해 줄 수 있다. 그러기에 먼저 경청해야만 그에게 위로가 되는 말을 할 수 있다고 말하는 것이다.

21:4 나의 원망이 사람을 향하여 하는 것이냐. 그는 사람을 향한 원망이 아니라 하나님을 향한 애곡임을 말한다. 그가 그렇게 하나님을 찾고 있는데 하나님께서 대답하지 않으셔서 '**내 마음이 어찌 조급하지 아니하겠느냐**'라고 말한다. 신앙인이 하나님의 뜻을 모를 때 답답한 것은 지극히 정상이다. 신앙인은 가만히 있는 것이 아니라 하나님을 찾아야 한다. 찾지 않고 가만히 있는 것이 오히려 문제다. 하나님을 찾고 있는 그에게 친구들은 주로 사람들의 일반적인 지혜를 말하였다. 욥을 향한 하나님의 뜻이 아니라 사람을 향한 세상의 지식에 대해 말하였다.

21:5 이 문장은 명령형 동사 3 개가 담겨 있다. 보라, 놀라라, 가리라. 어떤 사실에 대해 점진적으로 더 알아가는 과정을 그림을 그리고 있는 것 같다. **너희가 나를 보면.** 이것은 '욥의 육체적인 질병의 모습을 보면'을 말하는 것이 아니다. 욥의 육체적인 질병의 모습은 지금 계속 보고 있다. 이것은 '욥이 말하는 것을 제대로 깨달으면'을 의미한다. 조금 더 주의를 기울여서 보라고 요구하는 것이다. 그러면 자연적으로 '놀라게' 되고, 그러면 자신들이 말하고 있었던 허망한 말에 대해 '손으로 입을 가리게' 될 것이다. 너무 놀라서 아무 말도 하지 못하게 될 것이다. 하나님의 신비한 손길을 보면 그렇게 된다.

21:6 내가 기억하지만 하여도 불안하고. 이것은 하나님께서 자신에게 행하신 일에 대한 경외의 마음이다. 그것을 돌아보며 조금만 곰곰히 생각만 해도 하나님께서 행하신 놀라운 일에 마음이 크게 요동하고 온몸이 경외의 두려움으로 떨린다는 뜻이다.
욥은 자신의 고난 속에서 하나님께서 행하고 계시다는 사실을 분명히 깨닫고 있었다. 그래서 조금만 생각해도 하나님의 놀라운 섭리와 행하심에 놀라고 있다. 사실 하나님이 때리심조차도 '자신이 무엇이기에 한 사람을 향하여 그렇게 관심을 가지시는지'만 생각해도 더욱더 놀랍고 두려운 일이다.

21:7 악인이 생존하고. '악인은 망한다'는 친구들의 말에 '어찌하여 악인이 망하지 않고 있으며, 계속 잘 살고 있으며, 힘이 매우 강하냐'고 반문한다. 그들의 자손도 많고, 하나님의 매도 임하지 않고, 짐승들이 낙태하는 일도 없이 잘 살고 있다고 말한다.

21:13 그들의 날을 행복하게 지내다가. 그들이 평생 행복하게 지냈다는 말이다. **잠깐 사이에 스올에 내려가느니라.** 최소한 죽기 직전이라도 벌을 받아야 하는데 그들의 악에 대해 벌을 전혀 받지 않고 '편안하게'(잠깐 사이에) 죽었다는 것을 의미한다.
세상은 그렇게 이상한 모습도 많다. 완전히 거꾸로 된 모습이다. 세상이 이상하게 돌아가는 것을 보면 권선징악이라는 것이 전혀 맞지 않고 세상 지혜라는 것도 맞지 않다. 오기와 악의만 남기 쉽다. 그러나 욥은 그러한 이상한 일 속에서 하나님의 섭리를 보았다. 영원을 보았다. 그래서 악인이 세상에서 죽을 때까지 평생 잘 살다가 죽었어도 그것이 중요한 것이 아니다.

21:15 전능자가 누구이기에 우리가 섬기며. 그들은 그들이 섬겨야 할 전능자를 몰랐다. 무례하게 말한다. 신성모독이다. **그에게 기도한들**

무슨 소용이 있으랴. 그들은 하나님께 기도하는 것을 무시한다. 하나님을 무시하는 것이다.

21:16 그들의 행복이 그들의 손 안에 있지 아니하니. 악인들은 자신들이 잘해서 부요하다 생각하지만 그들의 번성조차도 그들의 손이 아니라 하나님의 손 아래 있음을 욥은 분명히 믿고 있었다. 악인이 망하지 않고 번성한 것에 대해 관심을 기울이기 보다는 '**악인의 계획은 나에게서 멀구나**'라고 말한다. 그는 악인들의 악한 성공과 악한 말들이 자신과는 거리가 멀다고 말한다. 자신은 결코 그러한 것을 생각해 보지도 않았고, 그렇게 할 생각도 전혀 없으며, 부럽지도 않고, 죽어도 그렇게는 하지 않을 것이라는 고백이다.

21:17 몇 번인가. 욥은 친구들에게 '악인의 번영과 행복'이 빨리 끝나고 멸망하는 경우가 얼마나 있는지 물었다. 18 절까지 '몇 번인가'가 적용된다. '악인이 등불의 갑작스러운 꺼짐'이 몇 번이나 있었는지, 하나님의 진노로 보이는 일이 몇 번이나 있었으며, 바람 앞 지푸라기처럼 되는 경우가 얼마나 있었느냐는 것이다. 물론 그런 경우도 있다. 소위 '천벌을 받았다' 말하는 경우다. 그러나 많지 않다. 비율로 하면 결코 많지 않을 것이다. 오히려 그렇지 않은 경우가 훨씬 더 많을 것이다.

21:19 하나님은 그의 죄악을 그의 자손들을 위하여 쌓아 두시며. 친구들의 말 인용이다. 친구들은 악인이 세상에서 벌을 받는다 말하였다. 혹 그렇지 않은 경우 '자녀들'이라도 벌을 받는다 말한다. 그러나 자신이 받지 않고 자녀가 받는 것이 무슨 큰 의미가 있을까?(20-21 절) 친구들의 논리대로 한다면 악인이 자신의 때에 망해야 벌을 받은 것이라 말할 수 있지 않느냐고 묻는다.

21:22 누가 능히 하나님께 지식을 가르치겠느냐. 친구들은 세상의 지식으로 '악한 사람이 벌을 받는다' 말하였다. 그러나 세상을 보면

실제로는 그렇지 않은 경우가 많다. 그렇다면 그들은 '하나님께서 틀리셨다'고 말해야 할까? 자신들의 고정관념으로 하나님께서 틀리셨다고 결론에 도달한다면 그 고정관념을 바꾸어야 할 것이다. 하나님께서는 결코 틀리지 않으시기 때문이다.

21:27 욥은 친구들이 무슨 말을 하는지 알겠지만 그것은 세상의 위로이기 때문에 그에게 쓸모없는 것이라고 말한다. 오히려 그를 해롭게 하는 것이라 말한다.

21:29 길 가는 사람에게 묻지 아니하였느냐. '길 가는 사람'은 여러 나라를 여행하는 사람을 의미한다. 욥은 친구들에게 조금 더 넓게 생각해 보라 말한다. 전통적인 생각과 가르침에 머물지 말고 실제로 여러곳을 여행하여 실제 일어나는 일을 많이 경험한 사람들의 말을 들어보라 말한다. 그들이 실제 보고 경험한 것은 악인이 그렇게 벌받는 것이 아니다.

21:30 "그들이 하는 말을 들어 보아라. 하나님이 진노하셔서 재앙을 내리셔도, 항상 살아 남는 사람은 악한 자라고 한다." (욥 21:30 새번역) 많은 경험을 통해 드러나는 사실은 재난이 임하고 불운이 임하여도 결국 살아 남는 사람은 '악한 자'라는 사실이다. 여행객들은 여러 나라에서 실제를 보았으니 그것을 더 잘 알 것이다.

21:31 세상에서 성공한 사람들을 보면서 사람들은 '성공에는 다 이유가 있다'라고 말한다. 그러면서 칭찬을 말한다. 그러나 성공한 사람들이 힘이 있기 때문에 '그의 면전에서 그가 악하다고' 말하지 않을 뿐이다. 그가 잘못한 것에 대해 '보응'(적절한 대응)을 하지 못하는 것일 뿐이다. 그들의 많은 악이 소문나지 않고 묻히지만 실제로는 수많은 악인이 그의 힘으로 악을 가리면서 잘 먹고 잘 살고 있다.

21:32 죽어서도 화려한 장례식을 한다. 화려한 무덤을 사용한다. '악인이 망한다'는 말은 모르는 사람들에게는 효과가 있을지 모르지만 악인은 죽으면서 속으로 비웃을 것이다.

21:34 그런데도 너희는 나를 헛되이 위로하려느냐. 친구들이 가지고 있는 생각과 위로는 세상적인 관점에서의 생각과 위로이기 때문에 위선적이고 위로가 되지 못하며 사실이 아니고 거짓말일 뿐이라고 말한다.

고난의 시간에 세상의 헛된 지식과 헛된 위로로 채우지 말아야 한다. 그것은 고난을 낭비하는 것이다. 고난의 시간에 하나님 앞에 엎드려야 한다. 자신을 향한 하나님의 선하신 뜻이 무엇인지 찾아야 한다. 근거 없이 '잘 될거야'가 아니라, 지극히 세상적인 '축복'이 아니라 하나님께서 주시는 위로를 찾아야 한다. 욥처럼 거짓을 거부하고 진실을 찾아야 한다.

22 장

욥과 세 친구의 대화 세번째 이야기의 시작으로 엘리바스가 욥에 대해 책망하는 내용.

22:2 사람이 어찌 하나님께 유익하게 하겠느냐. 사람이 무엇을 한들 하나님께 무엇을 더할 수 있는 것이 아니다. 하나님은 자족적이신 분이다. 그러기에 그의 말은 옳다. 그러나 그는 또한 틀렸다.

22:3 네가 의로운들 전능자에게 무슨 기쁨이 있겠으며. 하나님은 사람에게 무슨 혜택을 보시는 분은 아니지만 사람을 통해 기뻐하신다. 사람이 의로운 행동을 하면 기뻐하시고 죄를 저지르면 슬퍼하신다.

엘리바스는 하나님의 자족성과 초월성 때문에 마치 사람에게 관심이 없는 것처럼 말한다. 욥이 계속 하나님께 엎드리는 것에 대해 반박하는 것으로 보인다. 그러나 엘리바스가 틀렸다. 하나님은 사람에게 매우 큰 관심을 가지고 계신다. 욥이 경건하게 사는지 그렇지 않은지에 대해 관심을 많이 가지고 계셨다. 욥의 모든 고난 이야기는 욥의 경건에서 시작되었기도 하다.

22:5-6 네 죄악이 크지 아니하냐. 이전에는 욥을 직접적으로 가리키지 않았다. 그러나 이제는 욥을 직접적으로 호칭하면서 '욥이 죄가 많다'고 말한다. **네 죄악이 끝이 없느니라.** 대체 무엇을 보고 그렇게 말할까? 약한 자를 괴롭힌 구체적인 사례를 말한다. 그러나 욥이 진짜 이런 죄를 범하였을까? 아니다. 그런데 엘리바스는 왜 이런 말을 할까? 욥이 고난받는 것을 보니 이런 죄를 저질렀음이 분명하다고 생각한 것이다.

22:13-14 엘리바스는 욥을 비난하기를 욥이 '하나님이 무엇을 아시며 흑암 중에서 어찌 심판하실 수 있으랴'고 주장하였다고 말한다. 그러나 욥은 그렇게 주장한적이 없다. 엘리바스는 욥의 단어 몇 개만 추스려서 다른 주장을 하면서 비난하고 있다.

22:19-20 우리의 원수가 망하였고. 엘리바스는 결국 악인이 멸망한다고 말한다. 악인이 성공하는 것은 일시적인 것이라는 소발의 주장을 반복하며 악인은 결국은 망한다는 것을 확고하게 주장한다. 이것은 욥이 결국 망하였기 때문에 욥이 악인이라는 말이다.

22:21 하나님과 화목하고. 엘리바스는 욥에게 회개를 촉구한다. 하나님과의 관계가 샬롬이 되면 하나님께서 복을 주실 것이라 말한다. 그의 말은 맞다. 그래서 문제가 된다. 그의 마지막 말이 되는 오늘 본문에서 그는 계속 맞는 말을 한다. 그의 말은 총론적으로는 다 맞다. 그러나 거기까지만 맞다. **하나님과 샬롬하면 복이 임한다.** 욥을 향하고

있는데 욥에게는 맞지 않는 말이다. 욥은 지금 하나님과 화목하지 않은 것이 문제가 아니다. 오히려 욥이 엘리바스보다 하나님과 더 화목한 상태다.

22:24-25 네 보화를 티끌로 여기고. 욥이 금(보화)을 티끌로 여기고 대신 하나님께 나아간다면 '전능자가 네 보화가 되시며'라는 말처럼 하나님께서 욥에게 '금(보화)'이 되어 주실 것이라 말한다.
'엘리바스'의 이름의 뜻은 '하나님께서 금이다'이다. 엘리바스는 지금 자신의 이름을 사용하여 욥에게 마지막 충고를 하고 있다. 그의 이름의 뜻이기에 늘 그의 머릿속에 있는 말일 것이다. '하나님께서 우리의 유일한 금이 되신다'는 말은 철저히 맞는 말이다. 그러나 욥은 지금 티끌처럼 여길 금도 없고 하나님께로 나가지 않고 있는 것도 아니다. 욥은 지금 계속 하나님 앞에 나가고 있다. 욥이야말로 지금 하나님을 그의 유일한 금으로 여기고 있다.

22:27 엘리바스는 당대의 지혜로운 사람답게 총론에 있어서는 맞는 말을 하였다. 그러나 각론이 틀렸다. 그의 말은 다 맞는 말이었다. 그러나 그것을 구체적으로 적용할 때는 계속 틀렸다. **그가 기도하면 하나님께서 들으실 것이다.** 그러나 지금 하나님께서는 욥의 기도를 아주 자세히 듣고 계신다. 기도라는 것이 그렇다. 내가 원하는 것이 이루어져야 기도가 응답되는 것이 아니다. 좋은 기도가 되는 것이 아니다.
하나님께서 우리의 기도 내용을 응답하지 않으셔도 우리의 기도를 아주 잘 들으시면 좋은 기도다. 욥이 마음 가득한 기도를 하였다. 그의 기도를 하나님께서 마음 가득히 들으셨다. 그렇다면 이보다 더 좋은 기도가 어디 있겠는가? 그런데 엘리바스는 하나님께서 욥의 기도를 듣지 않으신다 생각하였다. 완전히 반대로 생각을 하였다. 100% 맞는 말을 가지고 100% 틀리게 적용하고 있다.

22:28 네 길에 빛이 비치리라. 지금은 욥이 잘못하고 있기 때문에 어둠이 있고 욥이 회개하면 어둠이 빛으로 바뀔 것이라는 말이다. 하나님께서 회개하는 이들에게 빛을 비추시는 것은 맞다. 그러나 욥의 경우는 그렇지 않다. 무엇인가를 더 잘함으로가 아니라 조금만 더 인내하면 이후에 빛을 비추실 것이다.
사람들은 각론을 너무 빠르게 선택한다. 충고를 너무 빠르게 한다. 엘리바스의 충고는 말은 맞지만 욥에게는 맞지 않는 말이다. 맞는 말을 가지고 사람들을 아프게 하는 것이 우리 신앙인들이 자주 저지르는 실수다. 맞는 말이라 하여도 그 사람에게 그 상황에 적용되는지를 잘 살펴야 한다.

23 장

엘리바스의 말에 대한 욥의 대답.

23:3 내가 어찌하면 하나님을 발견하고. 그는 오직 하나님 안에 답이 있다는 것을 알았다. 그래서 하나님을 찾았다.

23:7 정직한 자가 그와 변론할 수 있은즉. 그가 하나님을 찾아 대화를 나누면 분명히 하나님께서 그를 고난에서 건지실 것이라 생각하였다. 그래서 하나님을 찾는데 하나님을 발견하지 못하였다.

23:8-9 앞(동쪽)으로 가도 하나님께서 그가 계시지 않고 뒤(서쪽)로 가도 보이지 아니하며. 욥이 계속 하나님을 찾았으나 하나님께서 대답하지 않은 상황을 말한다. **그가 왼쪽(북)에서 일하시니.** 하나님께서 분명히 일하고 계심을 안다. 그러나 욥은 하나님을 만날 수는 없었다.

23:10 내가 가는 길을 그가 아시나니. 욥은 하나님을 발견할 수 없었으나 하나님께서는 욥을 발견하시고 모든 것을 아신다는 것을 분명히 믿었다. 지금은 무슨 이유이신지 하나님께서 욥에게 나타나지 않으셨다. 그러나 언젠가는 하나님께서 그에게 나타나실 것을 믿었다. **나를 단련하신 후에는 내가 순금 같이 되어 나오리라.** 지금 그는 사람들에게 조롱의 대상이다. 그러나 지금 하나님께서 그에게 나타나시지 않는 시험 기간을 지나고 나면 하나님께서 그에게 오셔서 그가 '금'이라는 사실을 드러내 보여주실 것이다. 그가 죄가 없는 것을 말씀하실 것이다. 그가 금처럼 찬란하게 빛나게 하실 것이다. 언제일지는 모르지만 말이다. 욥은 그것을 믿었다. 그래서 인내하였다.

23:11 내 발이 그의 걸음을 바로 따랐으며. 그는 앉고 일어섬에 있어 하나님을 따라왔다. 그렇다면 하나님께서 그에게 오셨을 때 책망이 아니라 칭찬을 들을 것이다.

23:12 내가 그의 입술의 명령을 어기지 아니하고. 그는 지금까지 하나님의 말씀을 따라 살았다. **그의 말씀을 귀히 여겼도다.** 하나님의 말씀을 어쩔 수 없이 지키고 형식적으로 지키는 것이 아니라 보물처럼 여기고 지켰다. 그는 하나님께서 그를 칭찬하실 것을 믿었다.
우리가 고난 가운데 있을 때 고난 가운데 있는 것보다 더 중요한 것은 하나님 앞에 섰을 때 '하나님께서 나의 삶을 칭찬하실까'이다. 욥처럼 자신이 하나님 말씀을 따라 살아왔다고 확신할 수 있는 사람이 복된 사람이다. 우리에게는 그것이 중요하다.

23:13 그의 뜻이 일정하시니 누가 능히 돌이키랴. 자신을 향한 하나님의 숨은 뜻이 있어 지금 고난을 주시는데 그렇게 계획하셨으면 하나님께서 계획하신 일이 다 이루어져야 마칠 것을 믿었다. 그래서 조급하지 않고 하나님 앞에 인내하며 하나님 앞에 엎드렸다.

23:16-17 내가 두려워하는 것은 흑암 때문이 아니라. 욥은 조용히 지금 자신의 고난이 어디에서 왔는지를 생각하였다. 그가 잃어버리고 아파하는 것은 흑암 때문이 아니다. 오직 '하나님' 때문임을 믿었다. 그래서 그는 '전능자가 나를 두렵게 하셨나니'라고 말한다. 그는 오직 하나님 앞에서 떨뿐이다.
하나님의 깊고 선하신 뜻이 이루어지기길 바랄뿐이다. 지금 그가 고난 가운데 있으나 이러한 고난으로도 하나님의 뜻이 이루어지길 바랄 뿐이다. 그의 소원대로 욥기가 작성되었고 많은 이들에게 욥의 고난은 좋은 교과서가 되었다.

24 장

23 장에서 욥이 하나님을 찾으나 하나님께서 그에게 나타나지 않으시는 것에 대해 말하였다. 욥의 고난은 욥의 잘못이 아니라 그와 상관없이 어느 날 닥친 고난이었다. 24 장에서는 사회가 악한 사람들로 인하여 고난을 받는 것에 대해 말한다. 욥이 간절히 하나님을 찾은 것처럼 사회는 간절히 정의(정의로운 하나님)가 필요하다. 그런데 하나님께서 욥에게 나타나지 않으신 것처럼 사회에 정의가 이루어지지 않았다.

24:1 때를 정해 놓지 아니하셨는고. '어찌하여(왜)'로 시작하는 문장이다. '때'는 심판의 때를 의미한다. 악한 사람이 심판받아야 하는데 하나님께서 그들을 왜 심판하지 않으시는지 질문한다. 어떤 사람은 참 나쁘다. 그런데 하나님의 심판이 아니라 복을 누리는 사람이 있다. **그를 아는 자들이 그의 날을 보지 못하는고**. 하나님의 심판이 악한 사람들에게 언제 일어날지 기다리고 있는데 결국 신앙인들(그를 아는 자들)이 심판의 날을 보지 못하고 생을 마치는

경우가 많다. 악한 사람들이 언제나 재앙을 받을까 눈을 부릅뜨고 살펴보지만 여전히 세상의 복과 천수를 누리는 악인들이 많다.

24:2 어떤 사람은 땅의 경계표를 옮기며. 땅의 경계표를 옮기는 것은 남의 땅을 훔치는 도둑이다. **양 떼를 빼앗아.** 힘으로 빼앗는 강도질이다. 악한 사람들은 벌을 받아 마땅하다. 그런데 벌을 받지 않아 세상에 악한 사람이 가득하다. 사회는 그들이 악을 행한 것을 모를 때도 있고 약육강식이 적용되어 강자가 선한 자가 되는 경우도 많다. 그렇게 사회에서 정의가 실현되지 않으면 모든 것을 아시고 정의로우신 하나님께서 그들에게 벌을 주셔야 할 것 같다. 그러나 여전히 그들이 벌받지 않고 떵떵거리며 잘 사는 것을 본다.

24:10 '**벌거벗고**'와 '**굶주리고**'가 강조된 문장이다. 의식주의 결핍이다. 돈이 없어 '겉옷'을 담보물로 빼앗겼는데, 집도 없어 '다니고'(방황하다) 있으며, 돈이 없어 '굶주리고' 있다. '곡식을 나르나 굶주리고' 있다. 얼마나 아이러니이고 비극인가? 수확하는 곡식 이삭을 나르고 있는데 일하면서도 그의 배는 굶주림으로 요동을 친다. 식당에서 써빙을 하는데 배고픈 배를 움켜잡고 하는 것과 같다.

18 절-25 절은 악인의 심판에 대한 이야기다. 앞 부분과 완전히 반대 이야기다. 그래서 많은 학자들은 이것이 욥의 이야기가 아니라 앞의 다른 친구들의 이야기인데 이곳으로 위치를 잘못 잡지 않았나라고 생각한다. 그러나 이 구절은 우리들이 가지고 있는 성경 순서대로 받아들이는 것이 좋다. 앞에서는 악인이 심판받지 않는 것을 아파하며 말하였는데 이곳에서는 왜 갑자기 악인의 심판에 대해 말하고 있을까? 욥의 믿음이다. 지금 당장은 악인이 심판받지 않고 있고 부요하게 잘살고 있다. 그러나 그것이 전부가 아니다. 욥은 그들에게 하나님의 심판이 있음을 믿었다. 욥이 하나님을 발견하지 못하였어도 찾았다. 결국 하나님께서 그에게 나타나실 것을 믿었기 때문이다. 그것처럼 사회적 약자는 지금 당장은 악한 사람이 더 강한

것 같아도 하나님께서 그들에게 나타나실 때를 믿어야 한다. 모든 것을 정확히 판단하시는 심판의 때다.

24:18 그들은 물 위에 빨리 흘러가고. 그들은 물 위에서 빠르게 흘러가는 작은 나무 조각 또는 거품과 같은 것이라 말한다. 있는 것 같으나 없는 참으로 하찮은 존재이다. 악인이 세상에서 100 년을 부귀영화를 누린다 하여도 영원을 생각하면 참으로 물위의 거품처럼 짧은 기간에 불과하다. **그들의 소유는 세상에서 저주를 받나니 그들이 다시는 포도원 길로 다니지 못할 것이라.** 악인의 소유도 마찬가지다. 그들의 소유가 재앙을 당한다. 포도원의 포도가 다 병들어 죽거나 말라 죽어 포도를 맺지 못함으로 포도원에 사람들이 갈 일이 없다는 의미다. 그들이 악을 행하면서 모은 재산은 순식간에 사라진다. 악한 이들이 세상에서 성공할 때는 대단한 것 같았으나 그들의 가치도 그들이 모은 재산의 가치도 모두 순식간에 사라지는 거품에 불과하다고 말한다.

24:20 모태가 그를 잊어버리고. 심지어는 그를 낳은 어머니까지 잊을 정도로 잊혀진다 말한다. **구더기가 그를 달게 먹을 것이라 그는 다시 기억되지 않을 것이니.** 구더기가 먹은 인생을 누가 기억하겠는가? 지옥에 있는 이들을 누가 기억하겠는가?

24:24 그들은 잠깐 동안 높아졌다가 천대를 받을 것이며. 악한 사람들은 분명 세상에서 높아진 것처럼 보인다. 그러나 그들은 다시 '낮아질 것'이다. 낮아질 것이라면 높아진 것이 의미가 있을까? 악한 사람은 심판을 받아 낮아질 것이요 약하였으나 의로운 사람은 높아질 것이다. 금처럼 밝게 빛날 것이다.

악한 사람의 부가 아니라 악을 보라. 의인의 약함이 아니라 선을 보라. 악인의 강함을 부러워하지 말고, 의인의 선한 수고를 억울해하지 마라. 악인의 강함을 부끄러이 알고 의인의 선함을 행복하게 행하라. 하나님께서 심판하신다.

25 장

빌닷이 욥에게 마지막으로 하는 말. 욥과 세 친구의 대화에서 세 친구들이 하는 말로는 마지막 말이다. 짧은 마지막 말이다. 이것은 그들의 주장을 가장 간략하게 요약한 말이다. 그들의 주장은 신론은 철저히 맞다. 그러나 인간론이 틀렸다.

25:2 하나님은 주권과 위엄을 가지셨고. 하나님께서 세상을 통치하시며 세상은 하나님을 경외함으로 받아들여야 한다. 전능한 힘으로 통치하시는 하나님의 주권은 온 세상을 '화평'으로 이끄신다.

25:3 그의 군대를 어찌 계수할 수 있으랴. 하나님의 군대를 계수할 수 없다는 것은 '군대'라는 이미지를 통해 하나님의 힘의 크심을 말한다. 하나님은 전능하시다. 우리가 측량할 수 없다. 전능하신 힘으로 세상을 통치하신다. **그가 비추는 광명을 받지 않은 자가 누구냐.** 하나님께서 전능하신 힘으로 세상에 은혜를 비추신다. 그래서 온 세상은 하나님의 힘으로 화평을 이루고 조화를 이루고 있다.
하나님의 주권에 대한 빌닷의 주장은 완벽하게 맞다. 욥의 고난은 하나님의 주권과 힘이 미치지 못하기 때문에 일어난 것이 아니다. 그의 고난에도 하나님의 주권과 힘과 평화가 완벽하게 미치고 있다.
우리는 이것을 믿어야 한다. 신뢰해야 한다. 욥의 고난에 하나님의 주권이 온전히 작용하는 것처럼 우리의 고난에도 그러하다. 우리의 고난은 누군가의 실수가 아니다. 어쩔 수 없이 일어나는 불행도 아니다. 우리의 고난은 하나님의 주권 가운데 일어나고 있다. 하나님의 선하신 힘이 완벽히 조정하고 있다. 하나님의 화평(샬롬)을 베푸시는 과정이다.

25:4 하나님 앞에서 사람이 어찌 의롭다 하며. 이것이 욥의 세 친구가 욥을 향해 마지막까지 주장하는 최종진술이다. 그러나 이것은 욥도

이미 앞에서 했던 말이다. 욥은 하나님 앞에서 '의롭다'고 주장하는 것이 아니다.
욥의 세 친구는 욥의 고난에 대해 말하면서 욥에 대해 말하는 것이 아니라 '모든 인류의 죄'에 대해 말한다. 모든 인류에는 자신들도 포함된다. 그렇다면 이것은 욥의 고난에 대해 말하는 것이 아니다. 사람은 집단으로 하나님 앞에 서는 것이 아니라 한 사람으로 서야 한다. 뭉퉁그리지 말고 세부적으로 하나님 앞에 서야 한다.

25:5-6 그의 눈에는 달이라도 빛을 발하지 못하고. 하나님의 눈에는 달이라 하여도 그리 밝은 것이 아님을 말한다. 그러니 사람이 어찌 하나님 앞에서 의로운척 할 수 있느냐고 주장한다. 사람은 하나님 앞에 서면 '구더기 같은 존재'라고 말한다.
하나님 앞의 절대의존적인 연약함에 대한 이야기다. 맞다. 온 우주는 모두 하나님 앞에 절대의존적이다. 그러나 또한 그 자체로 찬란하게 빛나는 것이기도 하다. 달은 달빛 그 밝기 그대로 하나님을 드러내고 있다. 사람은 또한 어찌보면 구더기 같이 연약한 존재이지만 사람으로서 하나님 앞에 찬란하게 드러날 수 있다. 그리고 사람은 달이나 별보다 더 찬란하게 빛나도록 창조되었다.
욥의 고난에 대해 빌닷이 말하고 있는 '벌레 같은 인생'에 대한 이야기는 고난에 대해 부정적인 인식을 심어줄 수 있다. 그러나 욥의 고난은 인간의 벌레 같은 존재이기 때문에 주어진 것이 아니라 존귀한 존재이기 때문에 주어진 것이었다. 욥기 서두에서 형상화하기를 한 인간의 고난을 위해 하늘에서 집합과 회의가 있었다. 욥 한 사람의 고난이 심히 중요하였다는 것을 보여준다.
고난은 인간의 무가치를 말하는 것이 아니다. 고난은 인간의 존귀함을 말한다. '구더기 같은 인생'이라고 쉽게 취급할 문제가 아니다. 찬란한 인생을 살아야 할 인간이 지나가야 하는 과정이다. 씨름하며 통과해야 할 시험이다.

26 장

욥이 빌닷의 충고에 대답하는 내용. 욥의 대답은 세 친구와의 대화의 마지막 대답이다.

26:2 네가 힘 없는 자를 참 잘도 도와 주는구나. 이 말은 풍자적이며 반어법이다. 빌닷은 욥을 돕는다고 여러 말을 하였다. 그러나 그의 말은 욥에게 도움이 되지 못하였다. **기력 없는 팔을 참 잘도 구원하여 주는구나**. 빌닷의 말은 힘 없는 욥의 처지를 구원하지 못하였다. 욥이 찾고자 하는 것에 대한 답을 주지 못하였다.

26:3 지혜 없는 자를 참 잘도 가르치는구나. 계속 풍자적으로 표현하고 있다. 욥의 친구들은 지혜 있는자 같으나 지혜 없는 자였다. 그들의 지혜 없음을 지적하는 말이다.

26:4 누구의 정신이 네게서 나왔느냐. 빌닷이 한 말은 자신의 이야기가 아니라 다른 친구들의 이야기였다. 또한 그것은 하나님의 지혜가 아니라 사람의 지혜였다. 욥은 하나님의 지혜를 구하였으나 그들은 인간의 지혜를 전할 뿐이었다.
욥은 빌닷을 비롯한 친구들의 말이 구원이 되지 못하고 지혜가 되지 못하였음을 말하였다. 그것이 사람의 지혜이기 때문이다. 욥에게 지금 필요한 것은 하나님의 지혜였다. 욥의 친구들은 욥에게 충고를 하는데 사람의 지혜 앞에 서도록 하였다. 사람의 지혜는 일정 수준 필요하기도 하고 중요하기도 하지만 그것은 참고 수준이다. 큰 고난 가운데 있을 때 진정 지혜와 구원은 하나님의 지혜에서 나온다. 그러기에 욥의 친구들이 틀렸음을 말하고 있다.

26:5 죽은 자의 영들이 물 밑에서 떨며. 하나님의 위대하심을 말하면서 제일 먼저 죽은 자도 '떠는' 대상으로 말한다. 하나님은 이 땅의 살아 있는 이들과 죽은 자들의 영혼에게까지 참으로 떨림의

대상이시다. 고난의 때애 하나님 앞에서 떨어야 한다. 고난이 힘들고 아프면 더욱더 하나님 앞에 떨어야 한다. 고난의 때조차 하나님 앞에 떨림이 없으면 구제불능이다.

26:7 하나님은 하늘을 창조하시고 또한 땅을 창조하셨다. .

26:10 빛과 어둠을 창조하셨다. 하나님만이 유일한 창조주이시다. 그렇다면 고난 받는 자는 누구 앞에 엎드려야 하겠는가? 창조주이신 하나님 앞에 엎드려야 한다. 그래서 욥은 자신의 고난을 가지고 하나님 앞에 갔다. 하나님 앞에 엎드렸다.

26:14 이런 것들은 그의 행사의 단편일 뿐이요. 사람이 하나님과 하나님의 일하심에 대해 생각할 수 있는 모든 것이 그러하다. 하나님의 창조는 생각할수록 놀랍지만 그것도 지극히 작은 부분에 불과하다. 하나님은 우리가 생각하고 상상할 수 있는 것보다 더 크고 놀라우신 분이다. **우리가 그에게서 들은 것도 속삭이는 소리일 뿐이니 그의 큰 능력의 우렛소리를 누가 능히 헤아리랴.** 때로 하나님의 음성을 듣는다. 그러나 그것은 '속삭이는 소리'일뿐이다. 하나님께서 진짜 말씀하시면 '우렛소리'일 것이다. 우리가 감히 조용히 들을 수 있을까? 놀라서 뒤로 자빠질 것이다. 속삭임에도 놀라는데 우렛소리는 결코 견딜 수 없는 소리가 될 것이다.

우리가 하나님에 대해 아는 지식과 듣는 하나님의 음성이 지극히 작은 것에 불과하다고 말한다. 욥은 친구들의 주장처럼 하나님의 위대하심을 몰라서 하나님 앞에 엎드리는 것이 아니다. 오히려 하나님의 위대하심을 알기에 하나님 앞에 엎드리고 있다. 그의 고난의 때에 답은 오직 하나님 앞에 엎드리는 것일뿐이라는 사실을 알았기 때문이다.

27 장

27:2 나의 영혼을 괴롭게 하신 전능자의 사심을 두고 맹세하노니니. 그는 자신의 고난이 하나님으로부터 왔음을 확신하였다. 그러나 그는 고난 가운데에서도 하나님 앞에 섰다.

27:4 결코 내 입술이 불의를 말하지 아니하며. 욥은 고난의 때에 결코 죄된 선택을 하지 않았다. 고난의 때에 사람들이 범하기 쉬운 것이 '입술로 죄를 범하는 것'이다. 고난의 때가 되면 마치 특권을 가진 것처럼 생각하기도 한다. 고난받고 있기 때문에 무엇을 함부로 말해도 되는 것처럼 생각한다. 힘드니까 어떤 말을 해도 되는 것처럼 생각한다. 그러나 그렇지 않다. 고난의 때에 더욱더 말을 조심해야 한다. 욥은 고난의 때에 죄가 되는 말을 하지 았겠노라고 말하였다.

27:6 내가 내 공의를 굳게 잡고. 그는 바르게 사는 것을 '굳게' 잡았다. 그는 하나님을 믿는 믿음을 신실하게 붙잡고 그것에 따라 살아왔다. **나의 생애를 비웃지 아니하리니.** 하나님 앞에서 양심의 거리낌이 없이 살겠다는 표현이다.
고난의 때에 욥의 복은 그가 '하나님 앞에서 살아왔다'고 고백할 수 있는 믿음이다. 또한 '앞으로도 변함없이 믿음으로 하나님 앞에서 살겠다'고 고백하는 것이다. 이것이 진정한 복이다.
욥이 고난의 때에 죄를 범하지 않았고 않겠다는 굳은 의지는 고스란히 그의 삶에 반영되었다. “여호와께서 사탄에게 이르시되 네가 내 종 욥을 주의하여 보았느냐 그와 같이 온전하고 정직하여 하나님을 경외하며 악에서 떠난 자가 세상에 없느니라 네가 나를 충동하여 까닭 없이 그를 치게 하였어도 그가 여전히 자기의 온전함을 굳게 지켰느니라” (욥 2:3) '까닭 없이 그를 치게 하였어도 그가 여전히 자기의 온전함을 굳게 지켰느니라'고 말한다. 하나님께서 욥의 삶을 그렇게 평가하셨다. 고난의 때에 이보다 더 아름다운 삶이 있겠는가?

고난의 때에 우리에게 중요한 것도 바로 이것이다. '여전히 자기의 온전함을 굳게 지키는 것'이 중요하다.

27:7 나의 원수는 악인 같이 되고. 욥을 치는 자들이 욥을 공격하기 때문에 악인이 되는 것이 아니다. 욥의 원수가 악인이 되는 것은 욥이 하나님 앞에서 믿음으로 살았기 때문이다. 믿음으로 살았기 때문에 욥을 공격하는 사람은 믿음을 공격하는 것이 되어 악인이 되는 것이다.
우리도 누군가 우리를 공격할 때 그들이 우리를 공격하기 때문에 악인이 되는 것이 아니라 우리가 하나님 말씀을 따르고 있기 때문에 그들이 악인이 된다는 말을 할 수 있어야 한다. 그들이 악인이 되기 위해서는 우리가 그들을 더욱더 미워해야 하는 것이 아니라 우리가 하나님 말씀을 더욱더 지키기 위해 노력해야 한다.

27:9 환난이 닥칠 때에 어찌 그의 부르짖음을 들으시랴. 욥은 고난을 받아 하나님께 부르짖었다. 그가 하나님 앞에서 살았기 때문이다. 하나님의 의를 붙잡고 있기 때문이다. 그러나 악인이 악하게 살다가 환난을 만나 환난만 피하기 위해 하나님께 부르짖는다면 그것은 무의미하다. 그것은 하나님을 찾아 부르짖는 것이 아니라 환난을 피하기 위해 부르짖는 것이다.

27:12 너희가 무익한 사람이 되었는가. 욥은 친구들의 충고가 무익한 것이라 말하고 있다. 욥은 하나님 앞에 서기 위해 노력하고 있었는데 친구들이 사람 앞에 서게 하는 충고들을 하고 있었기 때문이다. 욥이 주장하고 확신하는 것은 그가 옳다는 것이 아니다. 하나님이 옳다는 것이다. 옳으신 하나님 앞에 서 있기 때문에 그는 자신이 옳다고 말하는 것이다.
자신의 옳음은 자신의 감정이나 생각이 아니라 하나님 앞에서 평가되어야 한다. 상대방의 악함은 그의 성공이나 업적이 아니라 하나님 앞에서 어떤 사람인지를 가지고 평가되어야 한다.

27:13 악인이 하나님께 얻을 분깃. 악인이 세상에 살 때 그들은 철저히 하나님과 먼 삶을 산다. 하나님을 버리고 그들의 삶을 산다. 그들이 하나님을 버렸다 하여 그들이 하나님과 아예 상관없을 수는 없다. 하나님께서 그들과 그들이 살고 있는 세상을 창조하셨기 때문이다. 그들은 하나님을 버렸으나 하나님은 그들을 늘 지켜보셨으며 그들의 악에 대해 다 기억하신다. 그들이 행한 것에 대해 하나도 잊지 않으시고 심판하신다.

27:14 그의 자손은 번성하여도 칼을 위함이요. 악인이 번성하여 그 자신은 화려함 가운데 생을 마칠 수 있다. 그러나 그렇게 마친 악인의 운명은 사실 그것으로 끝이 아니다. 그는 심판받을 것이다. 그가 남긴 자손도 전쟁에서 칼에 맞아 죽을 것이다. 그가 남긴 수많은 재산이 그의 후손들을 배부르게 하지 못한다. 악인이 행복하게 죽은 것 같으나 실상은 악인은 사후에 심판 때에 벌을 받을 것이며 그의 후손도 순식간에 사라질 것이다.

27:16-17 은을 티끌 같이 쌓고. 그렇게 귀한 은을 엄청 쌓았어도 악인의 자손의 것이 되지 못하고 다른 누군가를 위한 것이 될 것이다. 악인이 세상에서 자랑하던 것은 실제로는 다 무너질 것이요 그의 악은 그대로 심판받을 것이다.

27:22 하나님은 그를 아끼지 아니하시고 던져 버릴 것이니. 하나님께서 그를 멀리 멀리 던지실 것이다. 그들의 죄가 참으로 많기 때문이다. 그들은 하나님께 가까이 할수 없는 악인들이기 때문이다.
악인들은 생전에 이 땅에서 하나님 없이 무엇인가를 이루었을 것이다. 그러나 그것은 실제가 아니다. 모든 만물은 하나님께서 창조하신 것이다. 하나님 없이 이룬 것은 거짓이다. 실제의 날이 되었을 때 그들이 버린 하나님으로 인하여 그들은 모든 것을 잃고 영원한 아픔과 고통만이 그들의 것임을 알게 될 것이다. 그들은 무엇인가 좋은 것을 조금이라도 움켜쥐고 싶겠지만 모든 좋은 것은 하나님께 있다. 하나님이 그들을 멀리 던지심으로 그들은 어떤 좋은 것도 가까이 할 수 없다.

28 장

욥과 세 친구와의 이야기다 끝나고 이제 욥의 독백의 말이 시작. 지혜를 찾는 것에 대한 내용.

28:1-2 고대에 비싼 자재였던 금이나 철 등을 찾기 위해 애쓰는 것에 대해 말한다. 캐내고 제련하는 과정이 있어야 그러한 것을 얻을 수 있다.

28:3 어둠을 뚫고 모든 것을 끝까지 탐지하여. '모든 끝까지'가 강조된 문장. 그러한 것을 발견하기 위해 끝까지 찾는 모습을 묘사하고 있다. **어둠을 뚫고.** 광물을 찾기 위해 땅에 수직 또는 수평의 갱도를 뚫었다. 갱도 안은 매우 어둡다. 기술이 발달하기 전인 고대에 땅속 깊은 곳에서 광물을 찾는 어려움과 그러나 끝내 광물을 찾아야만 하는 절박함 등이 포함되어 있다.

28:4 사람이 사는 곳에서 멀리 떠나...발길이 닿지 않는 곳에 매달려 흔들리느니라. 보화를 얻기 위해 멀리 간 사람들에 대한 이야기. 그런 광물을 얻는 사람은 소수다. 그것을 위해 오랫동안 수고한다. 수직갱도를 파면 줄과 바구니를 이용하여 아래로 내려갔다. 그들은 '흔들리며' 내려갔고 작업하였다. 깊은 어둠에서 외로웠다. 그 갱도를 파 내려가는 시간과 어려움 등을 묘사하고 있다.
보화를 찾는 것이 쉽지 않다. 그러나 그것이 보화이기에 많은 사람들이 찾아 나선다. 그것이 가치 있는 일이기 때문에 찾아 나선다.

깊고 긴 수많은 갱도를 뚫어야 한다. 그것이 보화를 찾는 과정이기에 그것을 당연하게 생각한다.

28:7-8 하늘의 짐승의 왕 솔개나 땅의 왕 사자도 보화를 찾아 나서지는 않는다. 찾지도 못한다. 동물은 보화의 가치를 모르기 때문이다. 알아도 찾을 능력이 없다. 어떤 짐승이 갱도를 그렇게 뚫고 찾을 수 있겠는가? 눈이 좋은 솔개도 힘이 센 사자도 보화를 찾을 수는 없다.
이 이야기는 동물이기에 보화를 찾지 않는 것을 말한다. 보화를 찾는다는 것은 인간의 특권이다. 또한 사람의 능력에 대한 이야기일 수도 있다. 보화는 눈이 좋거나 힘이 좋다고 찾을 수 있는 것이 아니다. 눈이나 힘도 중요하지만 그것보다 더 중요한 것은 의지다. 실제로 그것을 위해 조금씩 땅을 파는 의지와 수고가 있어야 한다.

28:9 보화를 찾는 실제적 과정을 통해 어려움을 묘사한다. 9-11 절은 강조된 문장이 많다. 갱도를 파는 일이 때로는 **'굳은 바위'**를 뚫어야 한다. **산을 뿌리까지 뒤엎으며.** 산을 뒤져야 하고 산 밑 깊은 곳까지 찾아야 한다. 거대한 산의 밑을 파고 또 파며 들어가는 과정은 참으로 힘든 일이다.

28:10 반석에 수로를 터서 보물을 발견하고. 반석을 깨기 위해서 불로 온도를 높인 후에 차가운 물을 강하게 뿌려서 반석을 깨는 기술에 대한 이야기.

28:11 감추어져 있던 것을 밝은 데로 끌어내느니라. 깊은 갱도를 뚫고 그 안에서 불과 물을 사용하여 보화를 찾아낼 때 얼마나 힘들까? 그러나 또한 얼마나 기쁠까?
어려움에는 그만큼의 가치를 담고 있다. 가치가 있으니 어려워도 찾아내는 것이다. 어려움은 가치에 비례한다. 조금 어렵다고 멈추면 그 사람은 그만큼의 가치만 생각하는 것이다. 힘들어도 계속하는 것은 그가 힘든 것보다 찾는 것을 더 가치 있게 생각하기 때문이다. 보화를 찾는 사람은 그것의 가치를 알기 때문에 어려움을 이기고 끝내 찾아낸다. 가치를 알면 어려움은 문제가 되지 않는다. 어려움이 문제가 되어 멈추는 사람은 사실 '어려움의 문제가 아니라 가치의 문제'이다.

28:12 지혜는 어디서 얻으며. 앞 부분에서는 사람이 어렵게 비싼 광물을 찾는 것에 대해 말하였다. 비싼 광물을 찾는 것이 어렵지만 그래도 파고 또 파면 찾을 수 있었다. 그렇다면 지혜는 찾을 수 있을까? 광물을 찾듯이 그렇게 찾으면 될까?

28:13 그 길을 사람이 알지 못하나니. '길'로 번역한 단어는 '지혜가 있는 곳'을 의미할수도 있고 '가치'를 의미할 수도 있다. 지혜가 있는 곳, 지혜의 가치를 사람이 알지 못한다는 것이다. 그래서 세상에서는 어떤 사람도 그 지혜를 모른다는 의미다.

28:14 바다가 이르기를 나와 함께 있지 아니하다. 매우 힘들게 그 자리까지 가도 그곳에서도 찾지 못한다.

28:15 찾지 못하니 사려고 시도를 해보기도 한다. **순금으로도 바꿀 수 없고.** 세상의 가장 귀한 것을 가지고 지혜를 사려고 해도 살 수가 없다. 철학박사 학위는 돈을 주고 사기도 한다. 그런데 그렇다고 지혜를 얻는 것은 아니다.

28:18 가장 값비싼 것으로도 살 수 없다. **지혜의 값은 산호보다 귀하구나.** 지혜가 참으로 비싸기 때문에 세상에서 아무리 비싼 보화라 하여도 지혜에 해당하는 값을 치를 수 없다. 지혜는 늘 더 비싸다. 그래서 지혜를 살 수 없다.

지혜를 찾을 수 없고 살 수 없다는 것은 지혜를 찾지 말라는 말이 아니다. 오히려 더 지혜를 찾아야 한다. 중요한 것은 지혜를 어디에서 찾느냐이다.

28:20 지혜는 어디에서 오며. '~로부터'를 말하며 하늘을 보기 시작하는 것일까? 사람은 여전히 지혜를 찾아야 한다. 지혜가 없으면 사람의 존재 가치가 없으며 그의 한 평생의 삶인 인생이 무의미하기 때문이다.

28:21 모든 생물의 눈에 숨겨졌고. 광물은 새와 동물의 눈에 숨겨져 있었다. 그런데 지혜는 '모든 생물'(사람을 포함한 생명)에게 숨겨져 있다. 그래서 사람은 지혜를 찾지 못한다. 그렇다면 이제 포기해야 하는 것일까?

28:23 하나님이 그 길을 아시며. 하나님께서 지혜를 아신다. 하나님께서 이 세상의 모든 것을 창조하셨기 때문이다. 하나님께서 이 세상의 법칙을 만드셨다. 세상의 존재 가치와 이유를 물으려면 하나님께 가면 된다. 하나님은 모든 답을 알고 계신다. 모든 지혜를 가지고 계시며 그 지혜를 알려주실 것이다.

28:28 보라 주를 경외함이 지혜요. 하나님께서 하신 말씀이다. '보라'는 강조. 잠언 성경에서 지혜에 대한 정의는 '주를 경외하는 것'이다. 하나님을 경외할 때 지혜가 시작된다. 보이기 시작한다.
'경외'라는 단어는 욥기를 시작하며 나온 단어다. “우스 땅에 욥이라 불리는 사람이 있었는데 그 사람은 온전하고 정직하여 하나님을 경외하며 악에서 떠난 자더라” (욥 1:1) 욥이 하나님을 경외하는 자였다고 말하며 욥기를 시작한다. 경외는 '하나님을 두려워하는 것'이다. '하나님을 두려워하며 사는 삶'이다. 신약에서는 경건으로 해석할 때가 많다. 경건을 설명할 때 '두려움'이 기본 의미다. 하나님을 두려워하며 행동하는 것이다. **악을 떠남이**

명철이니라. 욥기는 시다. 주로 한 절 안에서 같은 의미를 다른 표현으로 반복하여 말한다. 이 구절도 앞 구절과 같은 의미다. '지혜는 악을 떠남'이다. 하나님을 두려워하는데 어찌 악을 행하겠는가? 악을 행하지 않고 오직 하나님께서 기뻐하시는 삶을 사는 것이 '경건'이요 '경외'다. 지혜다.

29 장

왜 갑자기 과거 이야기를 할까요? 욥기 전체 내용을 크게 3 가지로 구분할 수 있다. 서론으로서 욥에 대한 소개와 하늘 회의가 있었다. 그리고 큰 두 번째 이야기로 욥과 세 친구의 3 번의 대화가 있었다. 가장 많은 분량이다. 그리고 마지막 세 번째 이야기로 욥과 엘리후 그리고 하나님의 대화가 나온다. 오늘 본문은 세 번째 이야기의 시작 부분이다.

욥이 고난받기 전 지난 날에 대한 회상. 욥은 29-31 장에서 자신의 과거, 현재, 미래의 삶에 대해 이야기한다.

29:2 하나님이 나를 보호하시던 때. 욥은 자신의 지난 세월을 이렇게 말한다. 욥은 자신이 과거에 살면서 돈을 벌고, 건강하게 살며, 사람들과 좋은 관계를 가진 모든 것들을 '하나님의 보호' 때문이라고 말한다. 당시 욥처럼 잘살고 있는 사람들이 있었을 것이다. 그런데 많은 이들은 그것을 하나님의 보호라고 생각하지 않는다. 욥은 그것을 하나님의 보호라고 표현한다. 오늘의 표현으로 하면 은혜라고 생각하였다.
'은혜'의 가장 기본적인 의미는 '선물'이다. 자격 있어서가 아니고 주는 분이 주고 싶어서 주는 선물이다. 인생을 은혜(선물)로 생각하는 사람과 자신의 투쟁의 산물이라고 생각하는 사람은 같은 자리에 있어도 사실은 완전히 다르다. 정답은 '선물'이다. 이 땅에 태어난 것부터 시작해서 우리에게 주어진 자연환경이나 능력이나 모든 것이 선물이다. 특별히 오직 지옥에 합당한 우리가 이 땅에서 지금 웃으며 살고 있다는 것이 선물이다. 푸른 하늘 아래에서 살고 있다는 것이 은혜이다. 신앙인에게는 더욱더 그러하다. 신앙인은 그리스도의 대속이 있음을 안다. 완벽한 은혜다. 대체 우리가 무슨 자격이 있어 그리스도께서 우리를 위해 죽으신단 말인가? 완전하고 완벽한 은혜다. 신앙인은 이 땅에서의 하루하루가 은혜임을 안다. 하나님께서 한 사람을 위하여 아주 세밀하게 맞춰주신 인생이다. 기성복이 아니라 맞춤복이다. 완전히 세밀하고 사랑으로 가득하게.

29:5 그때에는 전능자가 나와 함께 계셨으며. 2 절부터 6 절까지 욥은 계속 하나님께서 그와 함께 계시고 보호하여 주셨다고 말한다. 하나님의 임재가 눈에 보이는 방식으로 나타나신 것이 아니다. 오늘날 우리들이 사는 것과 같을 것이다. 그는 다른 사람들과 같은 것 같지만 다른 삶을 살았다. 그의 모든 삶에서 하나님께서 임재하시는 것을 느끼며 고백하며 살았기 때문이다. 이것이 은혜에 대한 고백이다. 사람들은 모르지만 신앙인은 안다. 하나님께서 함께하시고 보호하시고 얼마나 많이 사랑하고 계시는지를 삶의 순간순간에서 보고 느낀다.

29:7 내가. 욥은 자신의 과거의 삶에 대해 계속 이야기한다. 6 절까지는 '하나님'을 주어로 하여 하나님께서 그에게 무엇을 하셨는지에 대한 이야기였다. 7 절부터는 욥이 주어가 되어 무엇을 하였는지에 대한 이야기다.

29:8-9 욥의 주변 사람들이 욥을 존경한 것에 대한 글. **젊은이들은 숨으며.** 욥이 나타나면 젊은 사람들이 존경하는 마음으로 자리를 비켜주는 것에 대한 묘사.

노인들은 일어나서 서며. 젊은이들은 자리를 비켜주었으나 성내에서 높은 위치인 '노인'은 일어서서 욥을 맞이하는 존경심을 표현.

29:11 귀가 들은즉 나를 축복하고. 모든 사람이 욥을 복된 사람으로 말하여 욥에 대해 항상 좋은 말만 들리고, 욥이 의롭게 행동한 것을 본 사람이 너무 많아서 모든 사람이 욥에 대해 선한 것을 증거하는 증인이 된다는 말.

29:12 이는 빈민과 고아를 내가 건졌음이라. 사람들의 존경이 그냥 나오는 것이 아니다. 욥은 많은 약자를 도왔다.

29:15 맹인…다리 저는 사람. 맹인이나 다리 저는 사람은 사회에서 더욱더 천대받던 사람들이다. 그러나 욥은 그들의 눈이 되고 다리가 되었다. 아무리 돈이 많아도 그렇게 하기 힘들다. 그러나 욥은 진심으로 그 일을 하였다. 그래서 사람들이 욥을 존경하였다.
욥이 은혜를 베풀었다. 그가 도운 약자들은 이후에 그에게 별 도움을 주지 못하는 사람들이다. 그러나 그도 하나님께 선물 받은 것이니 사람들에게 선물을 주었다. 무엇인가 돌아올 사람에게 잘 해주는 '거래'가 아니라 돌아올 것이 없는 사람에게 선물로 주었다.
은혜를 아는 사람은 은혜를 주는 사람이 된다. 거저 받았으니 거저 주는 것이다. 욥이 가지고 있는 재산과 복은 모두 은혜다. 거저 받은 것이다. 그러니 거저 주는 것이 당연하다. 자신의 것을 거저 주지 않는 것은 그것이 은혜로 받은 것이 아니라 자기의 노력으로 받았다고 생각하기 때문이다. 그 사람은 은혜를 받아놓고도 은혜를 완성시키지 못하는 사람이다. 은혜에 똥칠하는 사람이다. 은혜를 영광되게 하려면 은혜를 주는 사람이 되어야 한다. 선물을 주는 사람이 되어야 한다.

29:18 나는 내 보금자리에서 숨을 거두며. 욥은 자신이 과거에 바라보았던 미래에 대해 말하였다. 과거에 욥은 행복하였다. 그의 미래는 장밋빛이었다. **나의 날은 모래알 같이 많으리라.** 건강하여

오랫동안 복을 누릴 것 같았다. 죽을 때도 객사가 아니라 행복한 죽음을 맞이할 수 있을 것 같아 보였다.

29:19 내 뿌리는 물로 뻗어나가고. 그는 물가에 심겨진 나무처럼 복있는 사람이었다. 그에게 필요한 것이 풍성히 있었고 많은 열매를 거두고 있었다.

29:20 영광은 내게 새로워지고. 욥의 훌륭한 행동은 그치지 않고 계속되었다. 그를 향한 칭찬과 명성도 계속되었다. 그래서 영광이 새로워지고 있었다. 이전의 명예에 이후의 명예까지 더해지고 있었으니 그의 인생은 참으로 영광으로 가득하였다. 그래도 그치지 않고 영광이 계속 이어지게 하였다.
이러한 삶이 중요합니다. 무엇인가를 조금 이루면 '이만하면 됐다'라고 생각하는 경향이 있다. 그러나 선한 일은 멈추면 안 된다. 선한 일을 하면 할수록 그 일에 전문가가 되어야 한다. 모든 일이 하다보면 전문가가 되듯이 선한 일에도 전문가가 되어야 한다. **내 화살이 끊이지 않았노라.** '화살'은 그의 '힘'에 대한 상징일 것이다. 욥이 그렇게 선한 일에 자신의 많은 재산을 사용했음에도 불구하고 힘이 떨어진 것이 아니라 힘이 더해졌다. 하나님의 은혜가 그에게 차고 넘쳤음을 볼 수 있다. 이것은 선한 일을 하는 많은 사람의 고백이기도 하다. 그렇게 선한 일을 많이 하면 부족해질 것 같은데 오히려 더해지는 경우가 많다. 그래서 또 더 많은 선한 일을 할 수 있게 된다. 얼마나 행복한 선순환인가? 악이 악을 낳는 악순환이 아니라 선이 선을 낳는 이런 선순환의 삶이 되어야 한다.

29:21 무리는 내 말을 듣고. '나에게'가 강조된 문장. 사람들이 욥의 조언을 듣기 원했다. 욥의 말이 지혜로웠기 때문이다. 욥이 고난을 받았을 때는 욥의 말에 세 친구가 반박하면서 책망하였다. 그것은 욥이 고난 받고 있기 때문에 그를 가볍게 여겼기 때문이다. 고난 받기

전에는 사람들이 욥의 말을 지혜로운 말로 들었다. **내가 가르칠 때에 잠잠하였노라.** 욥의 말을 존중하고 존경하였기 때문이다.

29:23 비를 기다리듯 나를 기다렸으며. 이스라엘은 비를 복으로 여겼다. 특별히 봄비는 식물이 자라는데 매우 중요한 비였다. 그것처럼 욥의 말을 복으로 여기고 중요하게 여겼다는 의미다. 그만큼 욥의 말이 지혜롭고 유익하였다.

29:24 의지 없을 때에. '예상하지 못하였을 때'로 번역할 수 있다. 욥은 자신이 가진 사람이요 유력한 사람이었음에도 작은 사람들에게 마음을 주었다. 사회적으로 소외된 작은 사람들은 욥이 자신에게 다가와 격려를 할지는 전혀 생각하지도 못하고 있다가 욥의 격려를 받았다. **내가 미소하면.** 욥은 사람들에게 따스한 마음으로 다가갔다. 그들이 욥을 존경하였기 때문에 욥의 '미소'는 그들에게 큰 용기와 힘이 되었다. 욥이 작은 미소로 사람들을 격려할 때마다 사람들이 힘을 얻었다.
욥이 잘 나갈 때 욥의 말은 사람들에게 큰 힘이 되었다. 욥의 작은 미소조차도 힘이 되었다. 그렇게 줄 수 있을 때 욥은 힘껏 주었다. 그가 고난받을 때는 그러한 것을 줄 수 없었다. 보통 줄 수 있을 때는 줄 수 있는 것이 얼마나 중요하고 행복한 일인지 모른다. 그래서 많은 것을 가지고 있음에도 불구하고 주지 못하고 머무는 경우가 많다. 나중에 줄 수 없을 때가 되어서야 후회한다. 그러나 욥은 줄 수 있을 때 많이 주었다. 그래서 그의 과거는 행복한 과거가 되었다.

30 장

욥이 사람들에게 받는 조롱에 대한 내용. 욥이 앞 부분에서 자신의 과거를 회상하며 그가 받았던 존경에 대해 이야기하였다. 그런데 오늘

본문은 그가 현재 사람들로부터 당하고 있는 조롱에 대한 이야기다. 대반전이 이루어졌다. 무엇 때문일까? 그가 받은 재앙 때문이다. 그가 바뀐 것이 아니다. 그의 주변 환경이 바뀐 것이다. 그의 주변 환경이 바뀌자 사람들도 태도를 바꾸었다.

30:1 나보다 젊은 자들이 나를 비웃는구나. '젊다'는 것은 더 지혜가 없는 사람이며 여러가지로 더 부족함을 의미한다. 욥을 조롱하는 이들은 욥보다 더 뛰어나기 때문이 아니었다. 오히려 더 부족한 사람들이다. 그런데 그들이 욥을 조롱하였다. **그들의 아비들은 내 양 떼를 지키는 개 중에도 둘 만하지 못한 자들이다.** 그들의 아버지에 대해 이야기하는 것이 이상하게 들릴 수 있다. 그러나 이것은 문자적으로 생각한다면 그들의 아버지에 대한 비난이기 보다는 조롱하는 이들의 못남에 대해 말하기 위함이다. 아니면 상징적으로 볼 수도 있다. 이후에 나오는 그들의 내면을 조종하는 것에 대한 것일 수 있다. 시이기 때문에 모호한 표현이 사용되고 있다. 둘 다 의미할 수 있다. **개 중에도 둘만하지 못하다.** 가치가 없다는 말이다. 이스라엘 사회에서 개는 시체를 먹기 때문에 매우 불결한 짐승으로 보았다. 양을 지키는 개는 그래도 조금 낫지만 여전히 그런 습성을 가지고 있기 때문에 경멸의 의미를 가진다.

30:7 떨기나무. '떨기나무'가 강조된 문장. 욥을 조롱하는 사람들의 근본된 마음은 어려운 처지에 있는 사람을 공격하는 마음이다. 광야의 떨기나무 아래에서 굶주림에 울부짖는 짐승처럼 사람을 부당하게 공격하는 나쁜 마음이다. 그들은 사람들에게 나쁜 마음으로 평가받는다. 그래서 광야에 쫓겨났다. 그러나 기회만 되면 음흉하게 사람들 안에 자리를 잡는다. 사람들이 그 마음에 사로잡힌다.

30:8 이 구절은 1 절의 '아비'에 대해 상징적으로 해석하게 여기는 구절이다. 욥을 조롱하는 이들의 아비는 '미련'이요 '이름 없는 자'이다. 사실 어리석음과 존재하지 않는 어떤 것이며 '땅에서 쫓겨난' 것이다.

그런데 그런 마음이 사람을 사로잡는다. 특히 전에는 잘 살다가 어려워진 사람을 보면 더욱더 하이애나처럼 달려든다. 그러한 마음에 자신들의 마음을 빼앗겨 욥을 조롱하고 있는 것이다.

30:9 욥을 조롱하는 사람들의 행위가 9 절부터 15 절까지 이어진다. **노래로 조롱.** 사람들의 조롱하는 노래는 큰 해를 가하지 않는 것 같다. 그러나 손으로 때리는 것보다 더 큰 아픔이 있다. 그들의 경멸은 자신의 잘남을 드러내는 것이 아니라 못남을 드러내는 것이다. 재앙을 당하여 힘없는 사람을 경멸하는 것은 자신이 못난 사람임을 말한다.

30:10 침을 뱉는도다. 욥을 경멸하며 침을 뱉는 이들은 이전에 욥에게 도움을 받은 사람들일 것이다. 때로는 내가 제일 많이 도왔던 사람이 나를 제일 많이 공격하기도 한다. 그들은 도움을 받으면서 사실은 나를 시기하고 있었던 것이다. 그러한 경우가 많다. 그러나 그렇다고 사람을 돕는 것이 잘못은 아니다. 이러한 일을 당할 때도 있다.

30:11 하나님이 내 활시위를 늘어지게 하시고 나를 곤고하게 하심으로. 욥은 방어할 말이 많았다. 그러나 하나님께서 욥의 활시위를 늘어지게 하셨다. 욥의 무기를 깨트리셨다. 그래서 욥이 그들을 공격하지 못하게 하셨다. **내 앞에서 굴레를 벗었음이니라.** 그들은 말의 재갈이 풀려진 것처럼 마구 험한 말들을 쏟아냈다.
욥은 사람들의 조롱에서 그들을 향한 미움보다는 하나님의 손길을 보았다. '이것이 욥의 위대함이다. 욥은 만물을 다스리시는 하나님의 통치를 믿었다. 모든 곳에서 하나님의 손길을 보았다. 그래서 그는 모든 비난을 손을 벌려 그대로 맞이하였다. 욥이 세 친구와의 대화에서 보듯이 그는 그들과의 대화를 이어갔다. 그들은 매우 얌전하게 비난하는 것이고. 다른 이들의 험하고 근거없는 비난은 기록도 되지 않았을 것이다. 욥은 그 세 친구만이 아니라 수많은 조롱의 말을 들었을 것이다.

30:13 내 길을 헐고. 욥은 그들의 조롱과 공격에 의해 더욱더 무너지는 것을 느꼈다. 누구도 그의 편이 되어주지 않는 것을 보았다. 그는 그렇게 재앙에 재앙이 겹쳐 있었다. 그러나 그에게 한 가지 희망이 있다. 하나님의 통치다. 누구도 그를 도울이 없지만 이 모든 일이 하나님의 통치 속에서 일어나고 있는 것을 고백하고 있다. 그렇다면 선하신 하나님은 그에게 여전히 도울 희망이 된다. 그에게 도울자가 없는 것은 사람이 없다는 것이다. 그는 그래서 더욱더 하나님을 찾게 된다. 도울자가 하나도 없는 것은 절망의 이유가 아니라 희망의 이유가 될 수 있다.

30:16 그의 육체적 아픔에 대해 이야기한다. **내 생명이 내 속에서 녹으니.** 그의 생명을 액체로 비유하여 속에서 밖으로 한 방울씩 뚝뚝 떨어지는 것과 같은 것을 느끼고 있는 것에 대한 묘사. 육체가 쇠하여 자신이 죽어가고 있는 것을 느끼고 있다. 엄청난 고통속에서 이제 죽음으로 이어지는 고통을 느끼고 있다.

30:17 밤이 되면 내 뼈가 쑤시니. 밤이 되면 그의 뼈마디까지 쑤시고 아팠다. 그의 병이 무엇인지는 모르지만 뼈까지 아픈 엄청난 고통을 수반한 것 같다. **아픔이 쉬지 아니하는구나.** 밤이 되면 몸이 조금이라도 쉴 수 있도록 아픔이 줄어들면 좋겠지만 그의 몸의 고통은 쉬지 않았다. 많이 아파보았는가? 머리가 지근지근 아프다가도 아주 조금은 안 아플 때가 있다. 그러면 그때 조금 쉰다. 그런데 욥은 그런 쉼을 느끼지 못할 정도로 육체적 고통을 계속 느끼고 있었던 것으로 보인다.

30:18-19 하나님께서 욥의 멱살을 잡고 들어 올렸다가 땅에 내동댕이 치는 것에 대한 묘사. 욥은 하나님께서 그의 멱살을 잡고 긴 고난의 구렁텅이로 떨어트린 것이라 말한다.
욥은 자신의 아픔에서 하나님의 일하심을 보았다. 그것은 한 편으로는 위로가 되지만 한 편으로는 더욱더 큰 절망이 되기도 한다. 하나님은 선하신 분이기에 하나님께서 고통을 주신 것이라면 다 이유가 있을 것이다. 그러니 위로가 된다. 그러나 또 한편으로는 믿는 하나님으로부터 그렇게 고통을 당하고 있으니 더욱더 마음이 아프다.

30:20 내가 주께 부르짖으나 주께서 대답하지 아니하시오며. 욥은 하나님을 찾았다. 하나님을 찾으면 하나님께서 그에게 응답하신다는 것이 그의 믿음이다. 그런데 지금 가장 아프기에 가장 필요한 순간인데 하나님께서 그에게 대답하지 않으셨다. 그래서 더욱더 아팠다. 그에게 하나님은 모든 것이었다. 그런데 하나님께서 응답하지 않으셨다. 이것이 그에게 가장 큰 아픔이었을 것이다.

30:24 사람이 넘어질 때에 어찌 손을 펴지 아니하며. 욥은 자신의 죽음을 직감하였다. 그래도 넘어진 사람이 도움을 위해 손을 펴는 것이 당연하기에 하나님께 도움을 구한다고 말한다. 하나님의 뜻이 다른 곳에 있는 것 같지만 그래도 자신은 넘어진 사람으로 끝까지 하나님께 도움을 구하겠다고 말한다. 물에 빠진 사람이 도움을 구하는 것이 마땅하듯이 그가 그렇게 하나님께 도움을 구하는 것이니 혹 응답하지 않을지언정 기분 나쁘게는 생각하지 마시라는 말과 같다.

30:25 고생하는 날을 보내는 자를 위하여 내가 울지 아니하였는가. 그가 고난 받는 사람들의 울음에 응답하였고 도왔었다고 말한다. 그가 지금 하나님께 도움을 구하는 것은 이기적인 것이 아니라는 하소연이다.

30:28-29 검어진 피부. 아픔과 고통으로 피부도 검어졌다. 참으로 이제 죽음이 가까운 것 같다. 그러나 욥은 여전히 '도움을 부르짖었'다. 이리나 타조의 울음처럼 여길지라도 그들처럼 비참하더라도 여전히 부르짖었다.
아무 희망이 없어보였다. 그것을 욥은 잘 알고 있다 그러나 그가 마지막까지 한 일은 부르짖음이다. 혹여나 희망이 있다면 하나님께 있기 때문이다. 그것이 그가 할 수 있는 유일한 것이었고 유일한 희망이기도 하다.

하나님께서 응답하시지 않을 것 같아 보였다. 그러나 그는 마지막 힘까지 하나님께 도움을 구하는 것을 선택하였다. 우리의 선택도 욥과 같아야 한다. 우리에게 조금이라도 힘이 있다면 하나님께 도움을 구하는 것에 사용해야 한다. 전혀 가망성이 없어도 끝까지 하나님께 구하라. 욥처럼.

31 장

욥이 자신의 무죄를 주장하는 내용.

31:1 어찌 처녀에게 주목하랴. 욥은 음욕의 마음을 가지고 처녀를 보지 않았다고 말한다. **내 눈과 약속하였나니.** 음욕의 마음을 갖지 않기 위해 자신 안에 굳은 다짐을 한 것을 볼 수 있다.

31:4 그가 내 길을 살피지 아니하시느냐. 음욕이라는 것이 마음의 문제이기에 다른 사람들은 알아채지 못한다. 그러나 욥은 하나님 앞에 섰다. 그는 하나님 앞에 서 있음을 알았기에 하나님 앞에서 자신의 마음의 정결함을 유지하였다.

31:5-6 내 발이 속임수에 빨랐다면. 그는 자신의 정직을 주장한다. 그러면서 31 장 전체에서 계속 주장하는 것처럼 '~이면"이라고 말한다. 욥은 계속 많은 죄의 항목을 말하면서 만약 자신이 그런 죄를 범하였으면 재앙이 자신에게 임할 것이라고 말하면서 죄를 짓지 않았음을 강력하게 주장한다.

31:9-10 그가 만약 간통하였으면 **'내 아내가 타인과 더불어 동참하기를 바라노라**'고 말한다. 그렇게 강력하게 말하면서 자신이 죄가 없음을 주장하고 있다.

31:13 종. 자신 안의 정결만이 아니라 다른 사람을 향해서도 존중하였다. 남종이나 여종과 더불어 말할 때 그들의 '권리'를 무시하지 않았음을 말한다. 종은 힘이 없기 때문에 욥이 무시해도 되는 사람들이다. 그러나 욥은 자신이 가진 힘을 오용하지 않았다.

31:15 나를 태 속에서 만드신 이가 그도 만들지 아니하셨느냐. 힘이 없어 세상에서 무시당하는 그들의 권리를 무시하지 않은 이유다. 세상에서는 주인과 종이 다른 것 같지만 하나님 앞에서는 같은 존재라는 것을 알았다. 그래서 결코 힘이 약한 사람에게 자신의 힘을 함부로 사용하지 않았다.

31:17 고아. 욥은 자신 혼자 먹은 것이 아니라 고아에게도 관심을 주었다 말한다. 힘의 오용은 자신의 힘을 누군가에게 강요하는 것도 있지만 또한 '할 수 있는 선한 일을 하지 않는 것'도 힘의 오용이다. 할 수 있는 선한 일을 하지 않음으로 힘을 오용하는 사람이 아주 많다. 그런데 욥은 그러한 죄도 범하지 않았다고 주장한다. 그가 하나님 앞에서 살기 위해 애쓴 모습이다.

31:23 하나님의 재앙을 두려워하고. 욥의 이러한 행동은 인간적인 윤리에 머무르지 않는다. 하나님을 경외하는 것에서 나온 행동이다. 하나님을 향한 '두려움'과 '위엄'이라는 생각에서 나오는 행동을 '경건'이라 한다. 욥은 그렇게 경건한 사람이었다. 욥기 시작부터 말하고 있다. 하나님께서도 인정하셨다.

31:24 만일 내가 내 소망을 금에다 두었다면. 욥은 재산을 신뢰하지 않고 하나님을 신뢰하였다고 주장한다.

31:26-27 욥은 우상숭배도 마음에 두지 않았다. 그의 마음은 오직 하나님께 있었다.

31:29 나를 미워하는 자의 멸망을 기뻐하였는가. 비록 원수라도 욥은 미워하지 않았다고 주장한다. 원수를 미워하는 마음은 외부에 드러나지 않는 것이니 이러한 것을 조절하기는 쉽지 않다. 그러나 욥은 원수까지도 미워하지 않았다고 말한다. 원수를 미워하는 마음은 세상에서 나쁘다 말하지 않고 혹 미워하여도 드러나는 것이 아니지만 욥은 하나님 앞에서 사는 사람이었기 때문에 원수를 미워하는 것조차도 죄로 여겨 미워하지 않았다.

31:32 나그네가 거리에서 자지 아니하도록. 행인에게 자신의 집의 문을 열어주었다고 말한다. 욥은 사람들에게 인색하지 않고 너그럽게 대하였다. 오직 하나님의 사람으로 하나님의 사람들에게 넉넉한 마음으로 살았다.

31:33 내 악행을 숨긴 일이 있거나. 위선에 대한 주장. 그는 혹 악행을 행할 수는 있어도 그것을 위선으로 감추려 하지 않고 드러내었다. 그가 감추어도 하나님께서는 보신다는 것을 아시기에 그렇게 행하였다. 사람들에게 감추이고 하나님께만 드러난 죄는 더욱더 문제가 되기에 그는 위선으로 감추지 않고 하나님 앞에서 행동하기 위해 힘을 다하였다.

31:35 나의 서명이 여기 있으니. 그는 자신이 말한 것에 대해 거짓이 없으며 분명히 사실만을 말하였다고 확신있게 말한다. 이제 하나님께서 그에게 대답해 주시기를 바랬다. 만약 누군가가 자신을 고발하여 '고소장'을 쓴다면 그것을 숨기지 않고 자신있게 드러내겠다고 말한다.

31:36 고소장을 어깨에 메기도 하고 왕관처럼 쓰기도 하리라. 자신에 대해 고소하는 고소장에 대해 욥은 그것이 거짓임을 자신있게 말할 수

있었다. 자신을 향한 고소장이지만 자신있게 사람들에게 드러내고 어깨에 메는 정도가 아니라 왕관처럼 머리에라도 써서 사람들에게 드러내고 토론하고 반박할 자신이 있다고 말한다.

31:37 왕족처럼 그를 가까이 하였으리라. 욥은 자신의 고소장이 있으면 그것을 하나님 앞에 가지고 나가서 자신은 그러한 죄가 없음을 말하고 싶다고 말한다. 왕족이 왕 앞에 자신있게 나가듯이, 또는 왕족의 위엄으로 나가듯이 그가 하나님 앞에 자신 있게 다가갈 수 있음을 말하고 있다.

욥의 확신은 긍정적인 측면과 더불어 부정적인 측면도 있다. 신앙인으로서 그런 확신을 가질 수 있도록 살아야 한다는 것에 있어서는 긍정적인 측면이다. 욥의 무죄주장은 참으로 아름다운 주장이다. 우리도 그렇게 주장할 수 있도록 살아야 한다. 그런데 그래도 우리는 여전히 하나님 앞에서 부족하다는 사실을 명심해야 한다. 더욱더 아름답게 살되 여전히 심령이 가난해야 한다. 하나님의 의를 이루면 이룰수록 오히려 더 이루지 못한 것에 대한 아쉬움이 있어야 한다.

32 장

엘리후가 욥과 세 친구에게 충고하는 내용. 욥의 최후 진술이 있었다. 하나님을 향한 욥의 최후 진술에 이제 하나님께서 대답해 주실 때가 된 것 같았다. 그러나 엘리후가 끼어들었다. 욥의 질문에 하나님께서 대답하시기 전 엘리후가 잘못된 것을 수정하며 말을 한다. 욥의 세 친구가 욥과 대화할 때 한 번도 끼어들어 말하지 않았던 엘리후였지만 이제 말을 하면서 가장 많이 말을 한다. 네 번에 걸쳐서 길게 대답한다. 마치 하나님의 답을 대신하듯이 말한다.

32:2 그가 욥에게 화를 냄. 엘리후는 욥에게 화가 났다. 욥이 고난 가운데 있어 비록 불쌍하였겠지만 그가 말하는 것이 잘못된 인상을 심어줄 수 있었기 때문에 화가 났다. **욥이 하나님보다 자기가 의롭다 함이요.** 어떻게 욥이 자신을 하나님보다 더 의롭다 하였겠는가? 그런 생각은 전혀 없을 것이다. 그러나 욥은 '자신이 이렇게 특별한 고난을 받아야 하는 특별한 죄가 없는데 이렇게 고난을 받으니 그 이유를 알려달라'고 요청하였다. 그러한 요청이 사람들에게는 마치 욥은 죄가 없고 하나님께서 욥에게 고난을 주신 것이 잘못인 것처럼 보일 수 있을 것이다. 바로 그것에 대한 이야기다. 하나님은 영광의 분이다. 하나님의 영광이 조금이라도 훼손되어서는 안 된다. 우리의 고난이 아무리 커도 하나님의 영광이 조금이라도 훼손되어서는 안 된다. 아무리 큰 고난 가운데서도 하나님의 영광은 보존되어야 하고 찬양되어야 한다.

32:3 욥을 정죄함이라. 이것에 대한 해석이 두 가지다. 첫째는 말 그대로 세 친구가 욥의 죄를 찾지도 못하면서 욥을 잘못 정죄한 것에 대한 분노다. 두번째의 가능성은 '하나님을 정죄함이라'로 해석하는 것이다. 하나님을 정죄한다는 것이 아주 망령된 본문이기 때문에 하나님 자리에 욥을 집어넣은 것이라고 생각한다. 세 친구가 핵심을 집지 못하고 엉터리 말로 욥을 책망하여 결국 욥은 죄가 없고 욥에게 고난을 주신 하나님만 잘못이 있는 분으로 만들었다는 것이다. 어떻게 해석하든 두 가지 다 가능성이 있다. 아마 두 가지 다 담고 있을 것이다.
엘리후의 이름의 뜻은 '그는 나의 하나님이다'이다. 엘리후는 고난이라는 주제 속에서도 '하나님의 영광'에 초점을 맞추고 있는 것으로 보인다. 고난이라는 주제가 크고 무겁지만 그 속에서도 고난이 중심이 아니라 하나님의 영광이 중심이 되어야 한다고 주장하고 있는 것으로 보인다. 그의 이름에 참 걸 맞는 주장이다. 오직 하나님만이 영광받아야 한다. 우리의 하나님께서 신앙인을 위해서 얼마나 놀라운 일을 하셨는지 모른다. 우리의 고난은 참으로 작은 문제이다. 진정 오직 하나님의 영광만이 드러나야 한다.

32:6 나는 연소하고 당신들은 연로함으로. 이 당시 나이는 지혜와 많은 면에 있어 비례하였다. 그래서 나이가 더 젊은 엘리후는 연장자들의 고난에 대한 논쟁에 감히 끼어들지 않고 있었다.

32:7 나이가 말한다. 이 당시에는 나이가 많으면 더 지혜로울 수 있었다. 그것에 대한 존중이다. 그러나 그것은 가능성이지 항상 그런 것은 아니다.

32:8 사람의 속에는 영이 있다. '전능자의 숨결이 그들에게 깨달음을 주신다'고 말한다. '영'과 '전능자의 숨결'이 강조된 문장이다. 하나님께서 사람들 안에 계십니다. 하나님께서 깨닫게 하십니다. 그래서 우리는 하나님의 음성을 듣는 마음으로 사람들의 지혜에 대해서도 마음을 열어야 합니다.

32:9 나이가 많이 먹었다고 꼭 **'지혜롭거나 정의를 깨닫는 것은 아니라**'고 말한다. 우리는 늘 부족함을 가지고 있다. 많은 학문을 공부하였어도 그러하다. 그래서 마음을 열고 귀를 기울여야 한다. 지금 말을 하고 있는 엘리후와 욥을 비교하면 누가 더 믿음이 좋을까? 아마 분명히 욥이 더 믿음의 사람일 것이다. 그러나 지금 욥은 엘리후의 말에 귀를 기울여야 한다. 귀를 기울였던 것으로 보인다. 그의 말에는 한 마디도 반박하지 않기 때문이다.

32:10 내가 말하노니 내 말을 들으라. 엘리후가 비록 제일 연소한 사람이지만 하나님의 숨결로 깨달음을 얻었고 그것을 말할 것이니 들으라고 말한다. 그의 주장은 진실하였다. 그의 말은 참으로 귀한 것이었고 말씀이 된다.

32:11 당신들의 슬기와 당신들의 말에 귀 기울이고 있었노라. 엘리후는 오랫동안 욥과 친구들의 대화를 듣고만 있었다. 귀 기울여 듣고 있었다. 그가 듣지 않고 대화에 끼어 들었으면 그의 말은 무가치하였을 것이다. 그러나 그가 오랫동안 귀기울여 듣고 있었기 때문에 그의 말은 지혜로운 말이 된다.

32:12 당신들 가운데 욥을 꺾어 그의 말에 대답하는 자가 없도다. 잘 듣고 있었는데 욥의 세 친구들이 더 이상 말을 잇지 못하고 있었다. 무엇인가 더 있어야 할 것 같은데 할 말을 찾지 못하고 있었다. 그래서 엘리후가 그 말을 이어 하게 되었다고 말한다.

32:13 그를 추궁할 자는 하나님이시요 사람이 아니라 하지 말라. 엘리후가 욥의 세 친구에게 말하였다. 친구들은 욥이 자신들의 말을 듣지 않으니 이제 하나님이 말씀하셔야 욥이 들을 것이라 생각하였다. 그러나 사실은 욥이 듣지 않은 것이 아니라 그들이 잘못 주장한 것이었다. 그들은 거짓 합리화를 하였다.

32:16 엘리후는 욥의 친구들이 꿀 먹은 벙어리가 된 것은 진리가 힘이 없기 때문이 아니라 그들이 진리를 바로 깨닫지 못하였기 때문이라 말한다. 그래서 이제 엘리후 자신이 욥에게 말을 하겠다고 한다.

32:18 내 속에는 말이 가득하니. 엘리후는 할 말이 많았다. 진리가 조금이라도 굽어지는 것 같으니 엘리후는 그것에 대해 할 말이 많았다. 그는 진리를 알았다. 그래서 진리가 조금이라도 굽어지면 그것에 대해 할 말이 많았던 것이다. 진리의 주인되시는 하나님의 영광이 조금이라도 가려지는 것에 답답함을 느끼고 있었던 것으로 보인다.

32:20 내가 말을 하여야 시원할 것이라. 진리에 대한 열정으로 말을 하고 싶은 사람이 되어야 한다. 세상이 진리에 대해 잘 듣지 않는다. 그래서 때로는 입을 닫아야 할 때도 있다. 엘리후도 지금까지 입을

닫고 있었다. 그러나 진리에 대한 포기가 아니라 진리에 대한 열정으로 침묵해야 한다. 그래서 진리를 말할 수 있을 때가 이르면 진리를 말해야 한다. 세상은 진리가 늘 필요하다. 우리는 늘 진리를 말해야 한다. 진리를 말할 때 우리 자신도 진리의 사람이 된다.

32:21 나는 결코 사람의 낯을 보지 아니하며. 그는 대화에서 하나님께 집중하였다. 고난이라는 가장 인간적인 주제에서도 하나님께 집중하였다. 그가 어떤 사람의 편이기 때문에 하는 말이 아니었다. 욥의 편도 욥의 세 친구의 편도 아니다. 그는 사람이 아니라 하나님을 보고 있다. **사람에게 영광을 돌리지 아니하리니.** 그는 사람에게 아첨하는 것이 아니다. 사람을 높이고자 하는 것이 아니다. 욥이나 그 친구도 아니며 자기 자신도 아니다. 그의 이름 엘리후(그는 나의 하나님이다)처럼 오직 하나님을 드러내고자 하였다.

32:22 그리하면 나를 지으신 이가 속히 나를 데려가시리로다. 엘리후는 창조주 하나님의 이름을 두고 자신이 사람을 보는 인생을 살지 않았음을 강력히 주장한다.

33 장

욥은 '하나님이 사람이 아니셔서 함께 토론할 수 없으니 답답하다' 하였었다. 엘리후가 자신이 하나님의 편에 서서 답을 하겠다고 말한다.

33:4 하나님의 영이 나를 지으셨고. 하나님의 영이 자신을 지으셨기 때문에 자신이 하나님의 편에 서서 대답할 수 있다고 말한다. 엘리후의 특징은 '하나님을 강조한다'는 것이다. 하나님의 영광을 먼저 생각한다. 그가 욥에게 답을 하게 된 이유도 하나님의 영광이 드러나도록 하기 위함이다.

33:6-7 나와 그대가 하나님 앞에서 동일하니. 어떤 면에 있어 욥은 엘리후의 상대가 되지 않을 것이다. 욥은 매우 존경받던 사람이다. 지금 상황에서는 욥이 많은 것을 잃었으니 또한 매우 낮은 사람이라 할 수도 있다. 그러나 엘리후는 크고 낮음이 아니라 '동일하다' 말한다. 사실 사람은 모두가 동일하다.

33:8 그대의 말소리. 그가 말하려고 하는 것은 자신의 권위가 아니라 '욥이 말한 것'을 가지고 하겠다고 말한다. 사람의 권위가 아니라 구체적으로 욥의 말을 가지고 하나님 편에서 볼 때 어떠한지 살펴보겠다고 말한다.

33:12 이 말에 그대가 의롭지 못하니. '하나님이 나에게서 잘못을 찾으시며 나를 자기의 원수로 여기사'(10 절)라는 욥의 말이 잘못이라고 말한다. 욥의 이러한 주장이 잘못이라는 것은 욥기를 읽고 있는 우리도 잘 알고 있는 것이다. 하나님은 욥에게서 잘못을 찾고 계시지 않는다. 하나님은 욥을 결코 원수로 여기지 않으신다.

33:13 하나님께서 사람의 말에 대답하지 않으신다 하여. 하나님과 사람을 비교하고 있다. 사람이 사람의 말에 대답해야 한다. 그러나 하나님께서 사람의 말에 대답하셔야 할까? 사람과 사람 사이의 관계에서도 보통 사람이 청와대에 계속 청원하여도 답을 듣지 못할 것이다. 그래도 그것을 이상하게 생각하지 않는다. 그런데 하물며 '하나님과 사람' 사이에 어찌 피조물인 사람이 창조주인 하나님을 향하여 '대답하셔야 한다'고 의무를 지울 수 있을까? **어찌 하나님과 논쟁하겠느냐.** '논쟁'은 기본적으로 '싸우다'는 의미다. 하나님과 적대적 관계에서 싸우고 하나님께 불평하는 것을 말한다. 하나님께서 그동안 욥과 함께 하셨다. 욥이 기도할 때 욥과 함께 하셨고 욥에게 많은 것을 깨닫게 하셨다. 그러나 지금 이유가 있으셔서 욥에게 응답하지 않으셨다. 이때 그렇다고 하여도 욥이 하나님께 불평을 가져서는 안 된다. 전투적 자세로 '왜 대답하지 않으시냐'고

윽박지르는 것은 잘못이다. 하나님은 사실 욥에게 대답할 의무가 전혀 없으시다.

엘리후가 욥에게 하나님께서 구원하시기 위해 일하신다고 말하는 내용.

33:14 하나님은 한 번 말씀하시고 또 말씀하시되. 하나님은 그 백성에게 말씀하신다. 문제는 사람의 '인식(관심)'이다. 사람들은 자기의 관심사가 아니면 들어도 듣지 못하는 경우가 많다. 욥의 경우 욥은 '자신이 이런 고난을 받아야 할 무슨 죄를 지었는지' 물었다. 그러나 욥은 지금 죄 때문이 아니다. 그림을 더 크게 보아야 했다. 큰 그림을 인식하지 못하고 있다.

33:15 꿈. 욥이 고난을 당할 때 기록된 말씀이 없었다. 그러기에 다른 방식들이 필요했다. 그 방법 중에 하나가 꿈으로 말씀하시는 것이었다.

33:16-17 사람의 교만을 막으신다. 꿈을 통해 사람이 해야 하는 일이 무엇인지 깨닫게 하신다.

33:19 병상의 고통과 뼈의 지속적인 아픔. 사람은 건강하면 세상에 무서운 것 모르고 교만해지는 경우가 많다. 몸이 연약해지면 그때야 겸손해지는 경향이 있다.

33:22 마음은 구덩이에. 땅 구덩이에 묻히는 죽음에 가까워지면 그때야 변화의 가능성이 보이기도 한다.

33:23 천사. 만약 하나님께서 천사(메신저)를 보내셔서 하나님과 욥 사이에 중보자가 되게 하실 수 있음을 말한다. 그 중보자는 욥의 '정당함' 즉 어찌하여야 하는지를 알게 하여 변화를 이끌어 낼 것이다. 욥의 경우 중보자는 엘리후가 될 수도 있다.

33:24 불쌍히 여기사. 하나님께서 '불쌍히 여기실' 이유를 찾으신다. 긍휼히 여기실 이유를 찾으신다. 사람이 변하지 않으면 하나님께서 긍휼을 베풀지 않으실 것이다. 그러나 변하면(회개하면) 그것이 참으로 부족하지만 하나님은 용서의 이유로 삼으신다. 은혜 베푸실 이유로 삼으신다. 회개한다고 용서받을 자격이 되는 것은 아니지만 하나님께서 '**대속물을 얻었다**'하시면서 용서하신다.

33:27 내가 범죄하여 옳은 것을 그르쳤으나 내게 무익하였구나. "그러면 그는 사람들 앞에서 노래하며 말할 것입니다. "내가 죄를 짓고 바른 것을 왜곡하였지만 그에 마땅한 벌을 받지 않았네." (욥 33:27, 한국 가톨릭 교회 공용 성경) 죄를 지었으나 죗값을 치르는 것이 아니라 하나님께서 용서하셨다는 뜻이다.

33:29-30 구덩이에서 이끌어 생명의 빛. 하나님께서 이러한 여러가지 일을 하시는 이유는 오직 하나다. 죽음에서 '생명으로' 이끌기 위해서다. 욥을 향해서도 동일하다. 욥을 구원하기 위한 하나님의 일하심이다. 그러기에 욥은 하나님의 목적을 생각하면서 엎드려야 했다. 하나님께서 어떤 일을 하셔도 그것은 우리에게 생명을 주시기 위한 것이다.

34 장

엘리후가 욥에게 하나님의 정의에 대해 말하는 내용.

34:4 정의. '의'(체데크)는 정해져 있다. 오직 하나님만이 '의'이시다. 하나님의 말씀만이 의이다. 그런데 그것을 상황속에서 판단하고 행동하며 '정의'(미쉬파트)를 이루어 갈 때는 많은 어려움이 있다. 일단 잘 판단해야 한다. '정의'(미쉬파트)는 '의'(체데크)에 '판단'을 더한 것을

의미한다. 판단이 어렵다. 그래서 정의를 세워가는 것이 어렵다. 엘리후는 욥과 마찬가지로 하나님만을 '의'로 여긴다. 그러나 정의에 대해서는 서로 의견이 달랐다.

34:5 하나님이 내 의(정의로 해석이 좋음)를 부인하셨다. 욥이 이렇게 말한적이 없는데 엘리후는 욥이 '고난 받을 특별한 죄가 없다'는 것을 그렇게 해석한 것이다. 엘리후는 욥의 말에서 욥이 마치 하나님의 정의를 훼손하는 것으로 생각하였다. 이것은 분명히 오해다.

34:7-8 엘리후는 '**어떤 사람이 욥과 같이 하나님을 비방하기를 물 마시듯 할까**'라고 말한다. 욥이 '**악한 자들과 한패가 되어 함께 다닌다**'라고 책망하였다. 대체 무슨 근거로 이런 말을 할까?
7 절-9 절에서 말하는 엘리후의 말 때문에 엘리후의 말에 대한 타당성을 다시 생각해 보게 된다. 욥기를 해석하는 제일 어려운 것 중에 하나가 '각 사람의 말을 어떻게 평가해야 하는가'이다. 욥기는 아주 고대의 글이기 때문에 비교 문헌이 매우 적고 단어도 자주 사용하지 않는 단어들이 많아 해석하기 어려운데 각 사람의 말의 옳고 그름을 어떻게 평가해야 하는지는 더욱더 중요하면서도 어렵다.
욥의 세 친구는 하나님께 책망을 들었고 '벌'까지 받는다. 그들의 말이 옳지 않은 것이 많았다는 것을 알 수 있다. 그러나 그들의 말이 길게 성경에 기록된 것을 보면 가치 있는 것도 있기 때문일 것이다. 일부분은 일반계시로서 옳은 부분이 된다고 보아야 한다. 그래서 장단점을 잘 해석해야 한다.
욥의 경우는 하나님께서 인정하는 사람이었다. 시작 부분에서 이미 하나님께서 욥은 '경건하며 악에서 떠난 사람이라'고 말한다. '이 모든 일에 욥이 범죄하지 아니하고 하나님을 향하여 원망하지 아니하니라'고 말한다. 이것을 완전한 모습으로 생각하면 안 되겠지만 그래도 욥의 삶과 말에 대한 큰 그림을 볼 수 있습니다. 이것은 욥기를 해석하는 중요한 기준이 된다.

엘리후의 경우는 어떻게 해석해야 할까? 이후에 하나님께서 말씀하실 때 엘리후에 대한 평가는 없다. 일단 욥의 세 친구처럼 책망받지는 않는다. 그러니 그렇게 많이 잘못한 것이 아님을 알 수 있다. 그러나 그렇다하여 엘리후의 판단이 모두 옳은 것은 아니다. 특별히 오늘 본문의 7 절-9 절 때문에 엘리후의 충고에 대해 부정적으로 해석하는 학자들이 많다. 이 구절은 욥에 대한 성경의 판단을 기준으로 볼 때 분명 잘못된 판단이다.

34:12 전능자는 정의(공의)를 굽히지 아니하시느니라. 하나님은 결코 정의를 벗어나지 않으신다. 그런데 엘리후는 이것을 강조하기 위해 욥이 정의를 행하지 않는다고 말하였다. 책망하였다. 그것은 잘못으로 보인다. 엘리후는 욥과 마찬가지로 자신이 이해하지 못하는 것에 대해 잘못 말하고 있다. 그것이 인간이다. 사람의 평가를 보라. 엘리후처럼 옳은 사람조차도 욥에게 아주 잘못된 판단을 하고 있다. 사람의 판단에 대해 때로는 '그냥 지나가야'하는 이유가 여기에 있다. 욥은 엘리후의 이러한 억울한 말에 대답하지 않았다.

34:21 사람의 모든 걸음을 감찰하시나니. 하나님은 사람의 모든 것을 보신다. 어떤 사람도 하나님의 감찰 밖에 있지 않다. '보신다'는 것은 그 안에 모든 판단과 심판까지 담겨 있다.

34:23 심판을 위해 오래 생각하실 것이 없으시니. 하나님은 사람을 보시며 즉각적으로 아신다. 사람이라면 그 사람의 행위를 다 보아도 그것이 옳은지 그른지를 위해서는 재판이 필요하다. 오랜 재판의 기간을 거쳐야 한다. 그러나 하나님은 그렇지 않다. 재판 없이 즉시 아신다.

34:29 주께서 침묵하신다고 누가 그를 정죄하며. 하나님의 침묵은 불공평이 아니다. 정의로우신 하나님의 또 하나의 정의의 표현일

뿐이다. 그러기에 하나님이 침묵하신다고 항의할 것이 아님을 이야기한다.

34:31-32 엘리후는 욥에게 '**내가 죄를 지었사오니 다시는 범죄하지 아니하겠나이다**'라고 기도하였는지 물었다. 욥은 '자신의 죄가 무엇인지' 물었다. 아직 무엇이 죄인지 몰랐기 때문에 회개하지는 않았다. 욥의 입장에서는 회개 즉 돌아서기 위해서는 무엇이 죄인지를 알아야 했기 때문에 그것에 집중하였다. 그러나 엘리후는 죄에 대해 조금더 겸손을 촉구한다. 아직 몰라도 먼저 자신의 죄를 인정하는 것이다.
자신의 죄를 인정하고 '**내가 깨닫지 못하는 것을 내게 가르치소서**'라고 말해야 한다고 말한다. 욥은 '깨닫지 못하는 것을 내게 가르치소서'라고는 수없이 많이 하였다. 그러나 먼저 죄를 인정하고 그렇게 말하지는 않았다. 엘리후는 하나님 앞에서의 겸손함을 요청하는 것이다. 비슷한 것같지만 어쩌면 많은 차이가 있다.

34:34-35 욥이 무식하게 말하니 그의 말이 지혜롭지 못하도다. 욥은 억울하다. 욥은 고난 가운데 고난의 원인을 알고자 하였다. 욥의 고난은 사실 엘리후가 말하는 것처럼 죄 때문이 아니기 때문에 '나는 죄인입니다'라는 고백이 상황에 안 맞다. 그러나 그럼에도 불구하고 그런 자세는 매우 필요하다. 우리는 사실 모두 하나님 앞에서 죄인이기 때문이다.

34:36 나는 욥이 끝까지 시험 받기를 원하노니. 조금은 끔찍한 말처럼 보인다. 그러나 사실 이것은 우리 모두에게 해당하는 말이다. 우리는 계속된 시험을 통해 하나씩 배워가야 한다. 욥이 지금 당하고 있는 시험은 중간에 멈추면 안 된다. 그 속에서 계속 답을 찾아야 한다. 엘리후의 말이 맞든 욥의 말이 맞든 계속 찾아야 한다.

34:37 죄에 반역을 더하고 있다. 욥은 그렇게 죄인도 아니었고 그의 말이 반역도 아니었다. 단지 조금 부족한 면이 있을 뿐이다. 그러기에 이런 말을 듣고 있는 욥이 참으며 말을 듣고 있는 것도 대단하다.

35 장

35:2 그대는 이것을 합당하게 여기느냐. 욥은 자신이 '경건하게 살고 있는데 왜 고난이 왔는지' 궁금해하였다. 그것에 대해 엘리후가 말한다. 선하게 산 것이 얼마나 합당한 것인지 물었다. 경건하게 산 것은 분명히 옳은 일이다. 그러나 그것이 그렇게 내세울 수 있는 것인지는 다른 문제다.

35:3 범죄하지 않은 것이 내게 무슨 유익이 있겠느냐. 욥은 자신의 경우 경건에도 불구하고 고난이 있기 때문에 꼭 무슨 죄가 있어야 고난을 받는 것이 아님을 말하기 위해 그렇게 말하였었다. 그런데 그렇게 말하는 것 안에는 작게나마 '본전 심리'가 있기 때문이다. 자신이 경건하게 살기 위해 힘을 다하였는데 하나님께서 고난을 주시니 섭섭함 같은 것이 있다.

35:5 하늘을 우러러보라. 욥과 모든 친구들이 했던 말이기도 하다. 그런데 알면서도 자주 놓치는 것이기 때문에 엘리후는 이곳에서 또 말한다. 사람의 시각에 머물지 말고 하나님의 시각으로 마음을 크게 할 필요가 있다.

35:6 욥의 선한 행위나 범죄의 행위가 하나님께는 아무 영향이 없음을 말한다. 물론 하나님께서는 사람의 선한 행위를 기뻐하시고 범죄에 대해서는 분노하신다. 그러나 그것은 인간의 행위가 하나님께 어떤 영향을 주기 때문은 아니다. 인간의 그러한 행위는 하나님께 아쉬운 것이 아니라 오직 사람에게 아쉬운 것이다. 그러니 선한

행위를 하였다면 자신이 감사한 것이지 하나님께 무엇을 요구할 것이 전혀 없다. 엘리후는 욥이 자신의 선한 삶을 강조하는 것 같으니 그러한 것이 하나님께는 큰 의미가 없다고 말하는 것이다.

35:9 군주들의 힘에 눌려 소리치나. 사람은 자신보다 조금만 더 힘센 사람에게도 눌린다. 고통을 당한다. 돈이 조금 더 있는 사람 앞에만 서도 비참할만큼 비굴하다.

35:10 나를 지으신 하나님은 어디 계시냐. 세상의 작은 힘에 의해 눌린다면 세상을 창조하신 하나님 앞에서는 더욱더 자신의 초라함을 알고 창조주 하나님 앞에 엎드려야 한다. 그런데 하나님 앞에 엎드리는 사람이 적다. 이상하게 하나님을 향해서는 교만하여 하나님을 찾지 않는다. 거지도 하나님을 찾지 않고 오직 원망할 때만 하나님을 찾는다.

35:12-13 교만으로 말미암아 부르짖으나. 하나님을 부를 때 하나님을 찾기 위함이 아니라 자신의 필요를 채우기 위해 찾는 사람들이 많다. 곧 하나님이 중요해서가 아니라 자신이 중요해서 하나님을 찾는 다. **헛된 것은 하나님이 결코 듣지 아니하시며.** 진정으로 찾는 것이 아니라 교만함으로 찾는 것이며, 결국은 하나님의 이름을 이용한 돈을 찾는 것이며, 여전히 방향이 틀려 있기에 하나님께서 그들의 부르짖음에 응답하지 않으신다고 말한다.

35:16 욥은 교만함이 아니라 하나님을 향한 간절함으로 찾았다. 그러나 욥은 매우 조심하였지만 많은 말을 하면서 조금은 교만한 말이 되었다. **지식 없는 말을 많이 하는구나.** 욥은 스스로도 모르는 가운데 많은 말을 하면서 조금은 헛된 말이 되었다. 하나님께서 욥을 향해 원하셨던 것은 인내였는데 욥은 '무슨 죄가 있나'찾으면서 찾아도 답이 없어 답답한 마음으로 이것저것 말을 하였기 때문이다. 욥은 자신의 고난 가운데 더욱더 하나님을 찾았어야 했는데 자신의 아픔의 이유에

마음을 두면서 아픔에 눌린 측면이 없지 않아 있었던 것이다. 언제나 하나님을 먼저 찾아야 한다는 것은 아무리 강조해도 과하지 않다.

36 장

엘리후가 욥을 향해 마지막으로(네 번째) 충고하는 이야기. 고난 받는자의 회개에 대한 내용.

36:2 하나님을 위하여 할 말. 그는 계속 하나님의 편에 서서 하나님의 영광을 위하여 말하는 것에 초점을 맞추고 있다.

36:4 온전한 지식을 가진 이가 그대와 함께 있느니라. '온전한 지식을 가진 이'는 아마 하나님을 의미할 것이다. 하나님이 자신과 함께 하셔서 말씀하시기 때문에 이렇게 주장하고 있다고 말한다. 이것은 매우 대단한 주장이다. 대단한 확신이다. 엘리후가 하나님 편에 서서 주장한다고 하는 말은 어떤 면에서는 조금 과하다. 어쩌면 그가 젊기 때문에 그렇게 과한 주장을 단호하게 하고 있는 것일수도 있다. 그러나 때로는 그래서 더 순수할 수 있다. 때로는 앞뒤 가리지 않고 단순하게 말하는 청년들의 의견이 옳을 때가 있는 것처럼 말이다.

엘리후의 욥에 대한 평가를 어떻게 보아야 하는지는 여전히 숙제다. 그런데 욥을 향한 평가를 산문적으로 보지 말고 시적으로 보아야 한다. 엘리후의 평가는 욥의 100% 부족함을 말하는 것이 아니라 2% 부족함을 말하는 것으로 보는 것이 좋은 것 같다. 하나님 편에 서서 말하는 것에 대해서도 그렇다. 욥은 철저히 하나님 앞에 엎드린 사람이다. 경건한 사람이다. 그런데도 불구하고 엘리후는 욥을 향해 하나님 편에 있지 않음을 책망한다. 그것은 욥이 하나님 편에 서 있지 않다는 것보다는 욥이 그렇게 강조하였지만 상황 속에 갇혀 2% 부족하였던 하나님 중심의 시각을 회복하라고 말하는 것으로 보인다.

36:5 하나님은 전능하시다. 욥이 그것을 모를리가 없다. 그러나 엘리후는 그것을 강조하여 말한다. **그의 지혜가 무궁하사**. 하나님은 어리석게 행동하지 않으신다. 하나님께서 무엇인가를 행하실 때는 분명한 목적이 있다. 선한 목적이다. 사람들은 지혜가 짧아 잘 알지 못할 때가 많지만 하나님은 지혜가 무궁하시다는 것을 기억해야 한다.

36:6-7 하나님은 악인과 의인을 구별하신다. **악인을 살려두지 아니하시며...그의 눈을 의인에게서 떼지 아니하시고.** 하나님은 의인을 향하여 더 많은 관심을 가지고 계신다.

36:8 포로가 족쇄에 묶인 것처럼 의인에게 당하는 환난은 힘들다.

36:9-10 소행과 악행과 교만한 행위를 알게 하시고. 그들이 한 일 즉 '교만하여 지은 죄'를 환난을 통하여 알게 하신다고 말한다. 환난을 당하여 재산을 잃거나 몸의 건강을 잃으면 하늘 높은줄 몰랐던 콧대가 완전히 꺾인다. 하나님 앞에서 얼마나 연약한 죄인인지를 깨닫게 된다. 그래서 교만의 죄에서 돌이킬 기회를 얻는다.
욥은 자신이 당한 고난에 상응하는 어떤 죄를 생각하였다. 큰 고난을 당하니 큰 죄가 있기 때문인 것 같은데 자신은 아무리 생각해도 그렇게 큰 죄를 범한 적이 없었다. 그래서 그렇게 큰 죄를 지은 것이 있다면 무엇인지 알려달라고 요청하였다. 그러나 욥은 자신의 고난에 상응하는 죄가 아니라 작은 교만도 실제로는 욥이 당한 고난보다 더 큰 고난을 받아 마땅한 죄라는 사실을 생각해 보았어야 한다. 이러한 고난의 때에 욥은 하나님을 더 높이고 자신을 더 낮추어야 한다. 혹여 고난 전에 자신이 조금이라도 교만했었는지를 살펴보며 교만함을 깨트리는 시간이 되도록 집중해야 했다.

36:11-12 만일 순종하여 섬기면 형통한 날을 보내며, 순종하지 아니하면 지식 없이 죽을 것이니라. 욥은 자신의 고난에서 억울함을

호소할 것이 아니라 하나님 앞에 통회하는 모습이 필요했다. 그것이 하나님의 지혜를 믿는 사람의 바른 자세다. 고난의 때에 더욱더 교만해지는 사람이 있다. 고난을 당하여 하나님을 원망하며 하나님을 떠난다는 것은 교만의 극치다. 그런데 실제로 그런 사람이 많다. 이후에 욥은 묵묵히 회개하였던 것으로 보인다.
죄 없는 사람이 없음을 우리 모두 알고 있다. 모든 고난은 근본적으로 죄 때문이라는 것도 알고 있다. 그러니 고난의 때에 우리가 제일 침통해하고 아파해야 하는 것은 고난당하는 아픔이 아니라 죄에 대한 아픔이어야 한다. 죄인으로서의 아픔이어야 한다. 그래서 조금이라도 죄에서 더 돌아서야 한다. 회개해야 한다.

36:16 하나님이 환난에서 이끌어 내사 넉넉한 곳으로 옮기려 하셨은즉. 시제는 과거나 미래로 해석 가능하다. 과거라면 엘리후는 욥이 과거에 '환난에서 넉넉한 곳으로 옮긴 것'을 경험하였음을 말하는 것이고 미래로 한다면 '환난에서 넉넉한 곳으로 옮기게 될 것'을 의미한다고 할 수 있다. **그대의 상에는 기름진 것이 놓이리라.** 이것도 앞의 것과 시제가 같다. 과거나 미래로 해석 가능하다. 난 미래로 해석하는 것이 좋다고 생각한다. 확실성의 강조다. 욥의 고난의 목적은 '기름진 것이 놓인 상'이다. 더욱 풍성한 인생이다. 모든 사람들의 고난의 목적이 동일하다. 설령 지금의 고난이 죄로 인한 심판이라 할지라도 이 땅에서의 심판은 회개하게 되면 풍성한 인생이 될 것이다. 고난의 목적은 '풍성한 인생'이다.

36:17 악인의 받을 벌이 그대에게 가득하였고. 고난은 어떤 면에 있어서는 죄에 대한 벌이다. 그런데 다른 사람과 비교하지 말아야 한다. 다른 사람의 큰 죄가 심판받지 않았다 하여 불평할 필요가 없다. 지금 심판이 없으면 나중에 더 준엄하게 있을 것이다. 나에게 티끌만한 죄가 있을지라도 그것에 대한 벌을 지금 받아 더 회개한다면 그것은 참으로 큰 은총이다. **심판과 정의가 그대를 잡았나니.** 미래형이다. 심판과 정의가 욥을 잡게 되는 그때 그는 웃게 될 것이다.

36:18 분노하지 않도록 조심하며. 고난의 때는 힘들어서 분노하고, 억울해서 분노하기 쉽다. **뇌물이 그릇된 길로 가게 할까 조심하라.** 고난을 멈추게 할 어떤 건수가 생기면 그것에 넘어가기 쉽다.

36:20 밤을 사모하지 말라. 욥은 고난이 너무 힘들어 '밤을 사모'하였다. 죽음을 사모하였다. 그것은 충분히 이해되는 일이다. 그러나 옳은 것은 아니다.

36:22 하나님은 그의 권능으로 높이 계시니. 하나님께서 주관자이시다. 하나님께서 통치하시고 조절하신다. 그러니 고난의 때에 두려워하지 마라. **누가 그같이 교훈을 베풀겠느냐.** 하나님께서 고난을 통해 교훈을 베풀고 계신다. 결코 헛되지 않게 하실 것이다.

36:24 하나님이 하신 일을 기억하고 높이라. 지금 내가 아무리 고난의 때라 할지라도 과거에 하나님께서 하신 위대한 일이 바뀌지는 않는다. 좋을 때 찬양하듯이 고난의 때도 찬양해야 한다. 고난의 때는 오히려 더욱더 찬양해야 하는 때이기도 하다. **인생이 그의 일을 찬송하였느니라.** 지금까지 모든 신앙의 사람들이 그러하였다. 하나님을 찬양하는 것은 어느때이든 어느 사람이든 해야 하는 가장 위대하고 아름다운 일이다.

36:26 하나님은 높으시니. 하나님은 높으신 분이다. 왜 고난을 주셨는지 왜 이렇게 하셔야 했는지 '다 알려고 하지 말고' 다 '신뢰하기 위해' 노력하라. 우리가 아무리 알려고 해도 알 수 없어 답답하게 되고 원망이 될 수 있다. 그러나 신뢰하면 평온이 올 것이다.

36:27 27 절-32 절은 우리가 하나님을 알 수 없는 것을 예로 설명하기 위해 폭풍에 대해 말한다. **물방울을 가늘게 하시며.** 비가 어떻게 만들어지고 어떻게 땅에 내리는지에 대한 이야기다. 비가 내리고 수증기가 되어 올라가고 구름이 되고 다시 떨어지는 과정을 우리는 잘

모른다. 그러나 하나님께서 다 통치하시고 조절하신다. 그 과정을 모르지만 하나님께서 행하심으로 우리는 비의 수혜를 입고 있다. 알기보다는 받아들이는 것이다.

36:31 만민을 심판하시며 음식을 풍성하게 주시기도. 그 모든 때와 과정을 우리는 잘 알지 못한다. 때로는 부당한 것 같이 보인다. 그러나 그 모든 것을 하나님께서 하신다.

36:32 손바닥 안에 넣으시고. 이 구절이 강조된 문장이다. 모든 것이 하나님의 손바닥 안에 있다. 그래서 세상은 질서가 유지된다. 우주가 돌아간다. 우리가 해야 할 일은 그 모든 것의 주인되신 하나님을 찬양하는 것이다.

고난의 시기에 분노는 자신에게 집중하는 것이고 찬양은 하나님께 집중하는 것이다. 무엇이 맞겠는가? 당연히 하나님께 집중해야 한다. 자신의 고난은 지나가는 것이지만 하나님께서 만물의 주인이시라는 것은 영원토록 변함없는 사실이다. 그가 집중해야 하는 것은 영원을 바라보며 하나님을 찬양하는 것이다.

37 장

37:1 이로 말미암아. 폭풍 가운데 치는 천둥을 의미하는 것으로 보인다. 엘리후가 사람들 앞에서 욥에게 말하고 있었다. 그런데 마침 그때 하늘에 짙은 먹구름이 생기고 요란스럽게 천둥이 치고 폭우가 내리기 시작한 것으로 보인다. 엘리후는 그 요란한 빛과 소리에 '마음이 떨렸'다. 그는 천둥을 '하나님의 음성'을 듣는 것같이 느꼈다. 그가 하나님께서 천둥을 다스리는 것을 말할 때 날씨가 갑자기 그렇게 바뀐 것 같다. 얼마나 심장이 놀랐을까? **그 자리에서 흔들렸도다.** '그 자리'는 심장이 놓인 자리를 말한다. '흔들렸도다'는 '펄쩍 뛰다' 이다.

심장이 펄쩍 뛰어서 가슴 밖으로 튀어나오는 것 같이 느꼈다. 참으로 놀라 죽을뻔한 것이다.

37:2 그의 입에서 나오는 소리를 똑똑히 들으라. 천둥을 두고 하는 말이다. 또한 천둥을 통한 하나님의 음성을 말한다. 자연의 소리에서 우리는 하나님의 음성을 들어야 한다. 자연의 모든 것을 통해 하나님께서 말씀하신다.

37:5 하나님은 놀라운 음성을 내시며. 하나님의 음성을 들어야 하나님이 하시는 일을 알고 우리가 해야 하는 일을 안다. 하나님께서 세상을 창조하셨고 우리는 하나님의 백성이기 때문이다. 하나님께서 세상을 어떻게 다스리는지, 우리는 어떻게 살아야 하는지 하나님의 음성을 들으며 살아야 하지 않겠는가? 듣는 사람이 행복하다. 세상의 소리, 환경의 소리에 지치고 짓눌리지 말고 하나님의 소리를 더 들으라.
하나님의 음성에 익숙하지 않으면 하나님의 소리가 아무리 커도 듣지 못한다. 하나님의 음성이 아니라 그냥 천둥소리로만 들을 것이다. 하나님의 음성을 들으라. 세상은 하나님의 소리로 가득하다. 우리의 죄가 하나님의 소리를 가린다. 마음을 기울이라. 그러면 하나님의 소리를 듣게 될 것이다. 평범한 소리가 하나님의 소리가 된다. 무엇보다 더 세밀하고 더 크고 놀라운 소리다. 귀한 소리다. 생명의 소리다. 구원의 소리다. 창조주의 소리다.

37:6 눈을 명하여 땅에 내리라 하시며. 하나님께서 눈을 명하셨다. 눈이 내리는 것은 하나님의 명하심 때문이다. 갑작스러운 큰 눈이 오면 세상이 어떻게 될까?

37:7 그가 모든 사람의 손에 표를 주시어. 이 구절은 주의 깊게 보지 않으면 이해되지 않을 것이다. 하나님의 음성을 듣기 위해서는 마음과 주의 깊음이 필요하다. 때로는 이해력이 필요하다. '표'는 도장을 찍는

것을 의미한다. 이 당시 편지를 두루마리에 쓴다면 그것을 돌돌 말아서 묶고 도장을 찍었다. 오늘날 마치 지폐를 세어 묶고 도장을 찍는 것과 같다. 이 도장은 그것을 다른 사람이 함부로 풀지 못하게 하는 역할을 한다. 이것은 '사람의 손을 인봉(도장을 찍어 봉하다)했다'로 해석할 수 있다. 갑작스러운 폭설로 인하여 사람들이 다른 일을 하지 못하게 되어 멈추게 되는 것을 말한다. **모든 사람이 그가 지으신 것을 알게 하려 하심이라.** 사람이 저마다 계획이 있었을 것이다. 그런데 갑작스러운 폭설로 인하여 아무것도 하지 못하게 되었을 때 사람들은 '세상은 하나님이 지으신 것'임을 새삼 깨닫게 된다는 것이다. 자연 앞에 조용히 순응하는 것이다. 자연이 우리를 멈추게 할 때 불평하고 불안해서는 안 된다. 자연이 우리를 멈추게 하면 조용히 멈추어야 한다. 자연이 멈추게 한 것이 아니라 하나님께서 멈추게 하신 것이다.

37:8 그러나 짐승들은 땅 속에 들어가. 여기에서 '그러나'가 이상하다. 히브리어는 같은 단어를 '그러나'로 해석할 수 있고 '그리고'로 해석하기도 한다. 여기에서는 '그리고'로 해석하는 것이 일반적이다. 폭설이 내리면 '짐승들은 땅 속에 들어가 그 처소에 머문다'고 말한다. 짐승도 그렇게 순응하는데 이성을 가진 사람들은 더욱더 그러해야 할 것이다.

37:10 하나님의 입김. 하나님께서 차가운 북풍을 불게 하셔서 얼음을 얼게 하시는 것을 말한다 **물의 너비를 줄어들게 하느니라.** '넓은 바다를 얼게 한다'고 해석할 수 있다. 바다가 얼을 것이라고 생각도 못했는데 어느 순간 그렇게 된다. 하나님께서 하시는 것이다. 그래서 우리는 하나님 앞에서 더욱더 겸손해야 한다.

37:12-13 "구름은 하나님의 명을 따라서 뭉게뭉게 떠다니며, 하나님이 명하신 모든 것을 이 땅 위의 어디에서든지 이루려고 합니다." (욥 37:12 새번역) 구름이 뭉게뭉게 떠다닐 때 하나님의 명령을 이루기

위해 떠다니는 것을 생각해 보라. 적당한 때에 적당한 곳에 '때로는 징계를 위하여, 땅을 위하여, 긍휼을 위하여' 그렇게 다니다 폭설을 내린다. 그냥 다니는 것이 아니다. 목적을 가지고 떠다니고 있다.

37:14 이 문장 안에는 명령형 동사 3 개가 들어가 있다. '들어라' '서라' '깨달으라'(생각해 보라). **하나님의 오묘한 일을 깨달으라**. 하나님의 오묘하고 놀라운 일을 잘 생각해 보아서 깨달으라는 것이다. 잘 생각해 보아야 한다. 그래야 알 수 있다. 하나님의 통치는 참으로 놀라운 일인데 사람들은 놀라지 않으면서 살고 있다. 생각하지 않기 때문이다. 우주의 모든 일이 그냥 되는 것인줄 안다. 그러나 잘 생각하여 우리는 하나님이 하시는 놀라운 일을 깨달아야 한다. 그래서 우리 삶의 모든 것에 대해 신뢰해야 한다.

37:15 그대가 아느냐. 이러한 질문은 18 절까지 이어진다. 이후에 하나님께서 욥에게 질문을 던지시는 것과 매우 비슷하다. 질문들은 욥의 대답을 듣고자 하는 것이 아니라 욥이 대답할 수 없음을 강조한다.

37:18 구름장들을 두들겨 넓게 만들어. 하늘에 궁창이 있는 모습을 말한다. **녹여 부어 만든 거울 같이 단단하게 할 수 있겠느냐.** 앞의 것을 보충 설명하는 것으로서 푸른 하늘에 대해 말하는 것이다. 청동을 반짝 반짝 빛나게 닦은 거울처럼 하늘이 맑고 또한 단단하여 무너지지 않고 있는 것을 말한다. 오늘날 과학적 표현으로 창공에 대기권이 있는 것이 대단한 사실이다.

37:19 하나님의 지혜 앞에 사람이 자신의 무슨 지혜를 자랑하며 말할 수 있겠는가? 사람이 하나님의 통치에 대해 무슨 충고를 할 수 있겠는가?

37:20 내가 말하고 싶은 것을 어찌 그에게 고할수 있으랴. 사람이 하나님께 하고 싶은 말이라 하여도 다 말하지 말아야 한다. 사람이

사람을 대할 때도 하고 싶은 말을 다하지는 않는다. 하물며 하나님을 향하여는 어떨까? 사람이 하고 싶은 말을 바로 다 하면 자신의 미련함만이 더 드러날 것이다. 그러니 조금더 참으며 듣는 일에 조금 더 집중해야 한다. **삼켜지기를 바랄 자가 어디 있으랴.** 함부로 말하면 자신의 무지로 멸망을 자초할 뿐이다. 그러니 멸망을 자초하고 싶지 않으면 겸손히 엎드려야 하며 듣는자가 되어야 한다.

37:21 그 밝은 빛을 아무도 볼 수 없느니라. 해가 비출 때 그 밝은 빛에 눈을 가리게 되는 것을 묘사하고 있다. 하나님께서 지으신 '태양'도 똑바로 볼 수 없는데 하나님께서 그 밝은 영광의 빛을 비추시면 누가 감히 눈을 들어 볼 수 있을까?

37:22 하나님께는 두려운 위엄이 있느니라. 하나님의 위엄은 자연의 그 어떤 것으로도 설명할 수 없는 위엄이 있다. 찬란하다. 어찌 태양에 비할 수 있을까?

37:23 전능자를 우리가 찾을 수 없나니. 하나님은 전능자이시다. 우리가 결코 다 알 수 없다. 전능자 하나님께서 통치하실 때 우리는 다 알 수 없다. 다 알려고 하는 것이 교만이기도 하다. 그러기에 우리는 하나님의 통치를 엎드려 받아들여야 한다. 사실 우리는 하나님께서 다 설명하셔도 알지 못할 것이다. 알지 못하는 것이 훨씬 더 나을 때도 있다. 욥이 고난 중에 잘못한 것이 있다면 너무 알려고 했었던 것이다. 하나님을 신뢰하여 엎드려야 했는데 답답하여 알려고 하였다. **정의나 무한한 공의를 굽히지 아니하심이니라.** 우리가 하나님을 다 알 수는 없지만 분명한 것은 하나님은 '정의'를 이루시는 분이라는 것이다. 힘이 없는 누군가를 압제하지 아니하시고 늘 정의를 이루어 가신다. 그러기에 정의가 굽어진 것 같은 상황에서도 하나님을 신뢰하며 우리가 가야 하는 옳은 길을 묵묵히 가야 한다.

37:24 그러므로 사람들은 그를 경외하고. '그러므로'가 강조되어 있다. 어쩌면 모든 충고의 마지막 결론일 수도 있다. 고난에 대한 모든 이야기의 결론적 충고는 '하나님을 경외하라'는 것이다. 사람들은 고난의 시기에 교만해진다. 이상한 말처럼 들릴지 모르지만 사실 그렇다. 고난의 시기가 되면 마음대로 하려는 경향이 있다. 하나님을 향해서도 더 함부로 말하기도 한다. 그러나 자신의 고난이 그렇게 크게 보이는 것은 교만하기 때문이다. 자신의 고난이 아니라 하나님이 크게 보여야 하는 것이 마땅하다. 그래서 우리는 고난의 때에 하나님 경외를 배워야 한다. 고난에 붙잡히지 말고 하나님 경외에 잡힌바 되어야 한다. **스스로 지혜롭다 하는자.** 하나님을 경외함이 아니라 자신의 생각으로 결론을 내면 안 된다. 하나님을 경외하여 하나님께서 말씀하신 것을 끝까지 따라가야 한다. 자신의 생각과 감정에 따라 행동하는 것은 아무리 지혜로운 것 같아도 어리석은 길이다.

38 장

하나님께서 욥에게 질문하시는 내용.

38:2 욥은 고난을 당하여 하나님께 질문하였다. 이유를 알고자 하여 계속 질문하였다. 욥의 질문에 침묵하시던 하나님께서 드디어 대답하셨다. '**생각.** '하나님의 경륜' '하나님의 계획'을 의미한다. 욥이 무지한 채 내뱉는 말은 '하나님의 경륜'을 가렸다. 스스로의 눈을 가렸다. 알고자 하였는데 오히려 가리고 있었다.
욥은 고난의 이유를 물었다. 그런데 왜 욥의 물음이 '진리'를 가리고 있는 것일까? 질문이 잘못되었기 때문이다. 하나님은 욥의 질문에 하나도 대답하지 않으셨다. 하나님은 고난의 이유가 아니라 '관계'에 대해 관심을 가지고 계시기 때문이다.

욥은 고난의 이유를 모를 수밖에 없다. 이유를 찾으면 실패한다. 그러나 지금까지 하나님을 신뢰하였던 것처럼 계속 신뢰한다면 고난을 이길 수 있을 것이다. 우리는 이유를 알고자 한다. 그러나 때로는 이유를 모를 수 있다. 이유를 모를 때 관계를 의지하여 그것을 이겨야 한다. 그것이 믿음의 관계다.

38:3 내가 네게 묻는 것을 대답할지니라. 인간사를 다루시는 것을 알고자 하는 욥에게 먼저 하나님의 자연 통치에 대해 알고 있는지 물으셨다.

38:4 땅의 기초를 놓을 때. 창조주 하나님을 욥이 제대로 알 수 있을까? 욥은 전혀 아는 바가 없다.

38:7 새벽별…하나님의 아들들. 아마 천사에 대한 다른 표현일 것이다. 천사들은 기뻐 소리치며 놀라 소리쳤다. 그러나 욥은 존재하지도 않았고 그러한 것에 대해 아는 바가 전혀 없으니 기뻐할 수도 없을 것이다. 지금 온 세상이 얼마나 놀라운 것인지 알지도 못하고 기뻐하지도 못한다. 그러나 온 우주가 어찌 그냥 존재하겠는가? 온 세상은 참으로 놀랍고 영광스러운 것이다.

38:12 네가 너의 날에 아침에게 명령하였느냐. '너의 날에'는 '네가 살아 있는 모든 날 동안 한 번이라도'의미다. 욥은 매일 아침을 맞이했지만 한 번도 그 아침이 오도록 하지 않았다. 욥이 모르는 사이에 아침이 오고 밤이 왔다. 하나님께서 아침을 주셨다.

38:13 땅 끝을 붙잡고. 새벽 동틀 때 저쪽 끄트머리에서 밝아온다. 그 끝을 붙잡고 흔들어서 어둠에 숨어 있던 '**악한 자들을 떨쳐 버린 일**'이 있느냐고 말씀한다. 하나님께서 세상을 통치하시며 때로는 악한 이들을 심판하셨기에 이 세상은 악인이 득세하는 세상이 되지 못하였다. 이불 끝을 잡고 털듯이 어둠 속에 있는 악을 털어 버려서

악이 세상에서 떨어져 나가는 것이다. 동이 트는 것을 보면 하나님께서 그 끝을 붙잡고 악을 털어 버리는 것을 묵상해 보라.

38:21 네가 아마도 알리라. 강한 부정이고 풍자적 표현이다. 욥은 전혀 모른다. 욥은 그때에 태어나지 않았다. 그러기에 전혀 모른다. 하나님께서 자연을 다스리는 것을 욥이 전혀 알지 못하는데 사람을 다스리는 것은 알 수 있을까? 자연의 창조자요 통치자는 하나님이다. 하나님께서 아시고 하나님께서 다스리신다. 사람은 그것에 대해 모른다고 원망할 것이 아니라 감사해야 한다. 내가 원한 아침이 아닌데 왜 아침이 왔느냐고 원망할 것이 아니라 아침에 감사해야 한다. 어떻게 아침이 왔는지 몰라도 감사해야 한다. 아침은 우리를 향한 하나님의 사랑이기 때문이다.

38:22 눈 곳간. 눈이 오고 우박이 내린다. 그냥 눈이 내리고 우박이 내리는 것은 아니다. 그 이면에 무엇인가 작용이 있기 때문에 내린다. 그것을 이해하기 쉽도록 '눈 곳간'이라고 말씀하신다. 눈이 어떻게 내리는지 욥은 몰랐다. 오직 하나님이 필요에 따라 내리게 하신다.

38:24 어느 길. 빛이 어디에서 나와 어디로 가며 바람이 어디에서 나와 어디로 가는지 아느냐고 물으신다. 욥은 빛과 바람이 어디에서 출발하고 어디에서 멈추는지 모른다. 오직 하나님만이 아신다.

38:26 사람 없는 광야에 비를 내리며. 아무도 없어 볼 사람 없고 돌볼 사람도 없는 광야에 하나님께서 비를 내려 풀이 나게 하신다. 꽃이 피게 하신다. 사람들은 그가 보지 못하는 곳이니 그곳에 비가 내렸는지 무슨 일이 일어났는지도 모른다. 그러나 광야에도 때를 따라 비가 내린다. 그곳에도 생명체가 있기 때문이다.

하나님의 연속된 질문에 욥이 대답할 수 있는 것이 없었다. 어떤 것은 몰라서 대답할 수 없었고 어떤 것은 너무 자명하여 대답하지 못하였다. 오직 하나님만이 모든 것을 행하신다. 오직 하나님이 행하시는 것이기 때문에 구체적인 것을 알지 못하였다. 계속된 질문에 욥은 하나도 대답하지 못하였다.

38:31 31-33 절은 별에 대한 이야기다. 사람들이 가장 많이 관심을 가졌던 태양이나 달에 대해서는 말도 하지 않으시고 별에 대해 물으신다. 당시 사람들에게는 보통 태양과 달이 놀랍고 강력하지만 사실은 별이 더 강력하고 놀라운 것이다.

묘성. '플레이아데스'라는 별자리를 말한다. 북두칠성으로 변역(새번역)한 곳도 있지만 잘못된 번역이다. 플레이아데스는 황소자리로서 별자리 중에 가장 유명한 별자리다. **삼성**. 오리온 자리를 말한다. 오리온 자리는 가운데 별 세개가 인상적이다. 오리온 자리는 별자리를 모르는 사람도 가장 찾기 쉬운 별자리다. 하나의 별 자리는 눈에 보이는 별과 보이지 않는 별 등 많은 별로 구성되어 있다. 사람들이 별들을 묶어 이름을 붙인 것이지만 별자리의 별들이 하나로 묶인 것을 보면 신기하다. 그렇게 별자리에 별들이 있는 것을 사람이 어찌 묶거나 뗄 수가 있을까? 어떤 별이 별자리의 이름에 어울리지 않는다 하여 하나라도 빼거나 더할 수 없다. 오직 주어진 별들을 가지고 별자리 이름을 붙일 뿐이다.

38:33 네가 하늘의 궤도를 아느냐. 광활한 우주를 하나님이 다스리신다. 오늘날 학자들은 우주가 팽창하고 있다고 한다. 우주 팽창 이론은 우주가 팽창하는 것을 보았기 때문에 하는 말이 아니다. 가장 잘 알고 중요한 북극성의 경우 오늘 우리가 본 북극성은 800 년 전의 북극성이다. 빛의 속도를 감안할 때 그렇다. 우리가 어찌 오늘의 우주를 알 수 있을까? 별에 대해 생각하면 신기한 것이 아니라 '무지'만 고백할 뿐이다.

38:34 네가 목소리를 구름에까지 높일 수 있겠느냐. 구름에게 소리질러 구름이 알아듣고 비를 내리도록 할 수 있느냐는 질문이다. 비는 우리의 명령 때문에 오는 것이 아니다. 우리와는 전혀 상관없이

온다. 하늘 위에 구름이 있어도 구름에게 비를 내리라고 말할 수 없다. 능력이 없다. 아무것도 없다. 오직 하나님만이 하실 수 있다.

38:39 네가 사자를 위하여 먹이를 사냥하겠느냐. 사자가 그냥 생존하고 있는 것 같으나 사자가 살아 남기 위해 얼마나 많은 사냥에 성공해야 하고 수고를 해야 할까? 배고픈 사자를 위해 욥이 한 번도 양 한 마리라도 준적이 없다. 하나님께서 사자를 위하여 사냥감을 주셔서 살아가고 있다. 가장 강한 사자라 할지라도 먹을 것이 없을 때가 있을 것이다. 사자가 알아서 잘 먹고 있을 것 같으나 그렇지 않다. 하나님의 돌보심이 필요하며 하나님께서 돌보셔서 그렇게 살고 있는 것이다.

38:41 까마귀 새끼가 하나님을 향하여 부르짖으며. 까마귀가 하나님을 아는 것은 아니다. 그러나 본능적으로 배고파 울부짖을 것이다. **먹을 것이 없어 허우적.** 까마귀 새끼가 둥지에서 제대로 먹지 못하고 비틀거리는 모습.
까마귀는 부정한 동물의 대명사다. 사체를 먹기 때문이다. 그렇게 부정한 동물이라 할지라도 하나님께서 먹여 살리신다. 제대로 먹지 못하여 비틀거리는 까마귀 새끼를 그냥 넘기지 않으시고 까마귀 새끼에게 먹을 것을 주신다. 까마귀를 위해 일반 섭리로 다스리신다. 그래서 먹을 것은 자연스럽게 주신다. 그러나 오늘 본문을 보니 때로는 특별 섭리로 배고픈 까마귀 새끼를 긍휼히 여기셔서 주시기도 하신다는 것을 볼 수 있다. 까마귀 새끼도 긍휼히 여기신다.

39 장

39:1 산 염소가 새끼 낳는 때를 욥은 알지 못한다. 그러나 수많은 산 염소가 자신의 때에 새끼를 낳는다. 그래서 산에 많은 염소가 있다.

39:4 새끼는 자라고 장성하여 독립한다. 그 염소는 다시 엄마 염소가 되어 새끼를 낳을 것이다. 욥이 살아가는 동안 산에서는 그렇게 산염소가 태어나고 자라는 과정이 진행되었다.

39:5 고난에 대해 아파하며 이유를 묻는 욥에게 하나님께서 들나귀 이야기를 하신다. 내가 힘들어 죽겠는데 들나귀 이야기가 귀에 들어올까? 그러나 들어야 한다. 아무리 힘들어도 나의 고난이 아니라 하나님의 말씀을 들어야 한다. 그래야 답을 찾게 된다.

39:6 들나귀는 들이 그의 집이고 소금기 가득한 척박한 땅이 그의 처소다. 사람들이 생각하기에는 참으로 불쌍해 보인다. 집나귀들은 사람들이 사는 옥토에서 살고 먹을 것도 주인이 풍성하게 준다. 그러니 집나귀가 훨씬 더 좋을 것 같다.

39:7 들나귀는 성읍에서 지껄이는 소리를 비웃나니. 사람들은 들나귀를 모르기 때문에 그렇게 생각하지만 들나귀는 오히려 집나귀가 불쌍하다고 생각한다. 오히려 '비웃는다' 말한다.
들나귀는 성읍에서 나는 시끄러운 소리를 아주 경멸한다. '어찌 저렇게 시끄러운 곳에서 살 수 있나'라고 생각한다 말한다. 특히 '나귀 치는 사람이 지르는 소리'는 그들에게 아주 끔찍한 소리다. 그 소리를 듣지 않는 것이 그들에게는 행복이다. 집나귀에 익숙하여 집나귀의 생각만으로 들나귀를 평가하지 말아야 한다.
어리석은 들나귀는 집나귀가 따뜻하고 풍성한 음식을 먹는 것을 부러워할 것이다. 어리석은 집나귀는 들나귀의 자유와 조용한 삶을 부러워할 것이다. 그러나 답은 무엇일까? 집나귀는 집나귀의 삶을 즐기는 것이고 들나귀는 들나귀의 삶을 즐기는 것이다.

39:9 들소. 유니콘으로 번역하기도 하는 고대의 매우 힘센 소. 코뿔소로 번역해도 좋을 것 같다. '고뿔소'가 아무리 힘이 세다고 하여도 '**어찌 너를 위하여 일하겠으며 네 외양간에 머물겠느냐**'라고 말한다. 코뿔소가 힘이 세서 밭을 갈면 좋을 것 같지만 실상은 그렇지

않다는 것이다. 코뿔소의 힘은 나를 위해 있는 나의 것이 아니라 다른 것을 위해 있다.
코뿔소를 잡아다가 자신의 외양간에 가두고 길들인다면 어떨까? 어떤 사람은 그렇게 하기도 할 것이다. 그러나 그것은 의미 없는 것이다. 탐욕이다. 많은 사람들이 그렇게 탐욕으로 넘어졌다. 자신의 것이 아닌데 자신의 것으로 만들기 위해 거짓말을 하고 악을 행한다. 자신의 것으로 만들기 위해 평생을 그것만 좇아다니다 끝난다. 전설의 유니콘을 좇듯이 그렇게 나의 것을 아닌 것을 좇아다니며 인생을 마치는 사람들이 있다. 그러면서 '내 인생은 왜 이렇게 힘들까요?'라고 말한다.

39:13 타조는 날개를 가지고 있고 힘있게 날갯짓을 치기도 하지만 학의 날갯짓과는 다르다. 날아오를 수 없기 때문이다.

39:16-17 새끼에게 모질게 대함. 타조는 알을 제대로 돌보지 않고 새끼 또한 제대로 돌보지 않는다고 말한다. 타조는 자기 세끼를 제대로 돌볼 지혜를 가지지 않았기 때문이다. 타조의 뇌는 매우 작아서 자신의 눈알보다도 더 작다고 한다.

39:18 뛰어갈 때에는 말을 우습게 여기느니라. 말이 더 잘 달릴 것 같으나 사실 타조가 더 잘 달린다. 또한 타조의 알은 매우 단단하다. 그래서 잘 돌봄을 받지 못해도 부화를 잘한다. 발의 근육과 힘이 세서 그 발을 동물들이 무서워한다. 지혜는 부족하지만 본능적인 힘을 주셔서 타조가 살아가게 하셨다. 타조는 지혜가 부족한 것이 전혀 문제가 되지 않고 그에게 주어진 다리의 힘으로 충분히 살아간다.
크고 작음이 중요하지 않다. 타조가 뇌가 작아 지혜가 부족하다고 말할 필요가 전혀 없었다. 지혜가 적으면 다리의 힘으로 살면 된다. 하나님께서 저마다에게 필요한 것을 이미 주셨다. 그렇다면 사람에게는 더욱더 그렇지 않을까?

왜 이렇게 힘드냐? 아마 평생 답이 없을 수도 있다. 그러나 분명한 것 하나는 이 땅에는 다양한 인생이 있다는 것이다. 아무리 발버둥 쳐도 변하지 않는 차이가 있다. 내가 발버둥 쳐도 변하지 않는 것은 우리를 절망하게 만드는 이유 같지만 사실은 아무것도 아니다. 오히려 내가 선택하면서 만들어 갈 수 있는 나의 길에서의 사건들이 중요하다.
바꿀 수 없는 것이 아니라 바꿀 수 있는 것을 바꾸면서 가야 한다. 내가 가야 하는 길이 어쩌면 들나귀처럼 힘든 삶일 수도 있다. 타조처럼 뇌가 작은 자의 삶일 수도 있다. 그러나 어떤 면에 있어서는 그래서 분명히 더 가치가 있다. 그러니 힘들다고 포기하지 말고 바뀌지 않는다고 절망하지 마라.

40 장

욥의 질문에 대해 하나님께서 드디어 말씀하셨다. 긴 말씀의 결론 부분이다. 수많은 질문을 하셨다. 그리고 결론으로 말씀하신다.

40:2 트집자는 자가 전능자와 다투겠느냐. 결론적 질문이다. 욥을 '트집자'라고 말씀한다. 욥은 자신의 고난에 대한 이유를 찾았다. 이유 때문에 하나님께 계속 질문하였다. 그는 질문하면서도 하나님은 분명 정의로운 분인데 자신이 죄가 없이 고난을 받는 것 같으니 무엇인가 문제가 있다고 생각하였다. 계속 '왜'를 말하면서 찾았다.
욥의 '왜'라는 질문에 하나님께서 대답하셨다. 그런데 욥의 고난의 이유가 아니라 세상에 수많은 '왜'를 모르는 것에 대해 말씀하셨다. 수많은 것들에 대해 '이유'를 모르고 살아가고 있음을 말씀하셨다. 많은 부분이 단지 받아들여야 하는 것이며 받아들이며 살고 있는 것이다.
욥은 하나님과 '변론'하고자 하였다. 변론하면 무엇인가 답이 나올 것이라 생각하였다. 그가 감히 하나님과 변론할 수 없지만 할수만 있다면 하였으면 좋겠다고 말하였다. 그러나 하나님께서 말씀하신다. '전능자와 다투겠느냐'라고 말씀한다.
욥이 변론하고자 했던 대상은 '전능자'다. 욥이 그것을 모를리가 없다. 그러나 그는 자신도 모르게 전능자가 아니라 자신의 고난에 조금 더 초점이 맞추어졌고 그래서 전능자 앞에서 대범하게도 변론을 요구하였다. 욥의 요구에 하나님께서 '전능자와 다투겠느냐'고 물으신 것이다. 전능자께서 행하시는 많은 것에 대해 앞 부분에서 말씀하셨다. 많은 말씀을 통해 욥은 하나님의 전능하심을 조금 더 실제적으로 알고 직시하게 되었을 것이다. 사람들이 전능자 하나님을 안다고 말하는데 그 깊이는 다 다르다. 우리는 전능자이신 하나님을 더 많이 알아야 하고 더 많이 묵상해야 한다.
하나님을 탓하는 자는 대답할지니라. 욥은 어느새 '하나님을 탓하는 자'가 되어 있었다. 그것은 욥이 결코 의도했던 것이 아닐 것이다. 상상도 할 수 없는 일이었다. 그러나 고난 가운데 있다 보니 욥은 고난의 이유에 대해 깊이 생각하였고 어느새 하나님을 탓하는 자의 모습을 조금이나마 가지게 되었다. 욥에게 그가 지금 겪고 있는 고난보다 비교할 수도 없는 더 끔찍한 일이 벌어진 것이다.

욥은 이전에 그렇게 하나님과 변론하기를 원하였다 그렇게 소원하던 일이 드디어 일어났다. 하나님께서 친히 욥에게 임재하셔서 엉뚱한 것으로 대답하여 주셨고 이제 욥에게 변론하라 하셨다. 욥은 이제 그가 친구들에게 말하였던 것처럼 그의 입장을 늘어놓을까?

40:4 보소서. 강조다. **나는 비천하오니.** 욥은 비천함을 고백한다. 비천함은 전능자 앞에 섰을 때의 깨달음이다. 고난 가운데 있기 때문에 비천한 것이 아니라 전능자 앞에 섰기 때문에 깨닫는 비천함이다.
우리는 전능자 앞에서의 비천함을 깨달아야 한다. 사람들이 세상 앞에서는 비천함을 잘 느낀다. 그러나 그것은 잘못이다. 세상에서는 결코 비천함을 느끼지 말아야 한다. 세상을 향해서는 당당해야 한다.

어느 누구라도 신앙인은 세상 앞에서 당당할 수 있다. 그런데 어리석은 사람들이 세상 앞에서는 비천하고 전능자 앞에서는 당당하다. 거꾸로 된 것이다. 세상을 향해서는 당당하고 전능자 앞에서는 비천함을 알아야 한다. 세상 앞에서의 비천함은 비굴한 것이지만 전능자 앞에서의 비천함은 존귀한 것이다. 진리를 아는 것이다. 전능자 앞에서의 비천함은 전능자를 아는 것이기 때문이다. 세상에서의 비천함은 세상을 모르는 행위이고 전능자 앞에서의 비천함은 전능자를 알기 때문에 가지는 행위다.

무엇이라 주께 대답하리이까. 욥은 전능자 앞에 섰을 때 그가 할 수 있는 것은 변론이 아님을 알았다. 그가 할 수 있는 유일한 것은 침묵이었다. 그에게 필요한 것은 무엇인가를 더 아는 것이 아니다. 하나님과의 관계다. 오히려 모르고 신뢰하면 관계는 더 돈독해질 수 있다. 하나의 지식을 더 안다고 무슨 의미가 있을까? 전능자를 신뢰하기에 그가 할 수 있는 것은 침묵이다. 경외함으로 엎드리는 것이다.

40:5 다시는 더 대답하지 아니하겠나이다. 왜 그럴까? 문제가 해결되었기 때문일까? 그는 여전히 엄청난 고난 가운데 있었다. 오직 전능자 하나님 앞에 제대로 섰기 때문이다. 그렇다면 이전에도 그의 문제는 고난이 아니라 하나님 앞에 제대로 서지 못하였다는 것임을 알 수 있다.

어떤 문제가 문제가 있는가? 문제 앞에 서지 말고 하나님 앞에 제대로 서기 위해 힘을 다하라. 그러면 세상의 문제는 더 이상 문제가 되지 않을 것이다. 고난에서 중요한 것은 고난이 아니다. 하나님과의 관계다. 세상의 문제에서도 부부가 관계가 좋으면 넉넉히 이기지만 관계가 좋지 않으면 이기지 못할 것이다. 하물며 하나님과의 관계는 어떻겠는가? 그러니 고난의 때에 우리에게 중요한 것은 고난이 아니라 하나님과의 관계다. 고난 때에 하나님과의 관계가 더 깨지는 것이 아니라 더 돈독해지도록 해야 한다. 하나님과의 관계가 더 세워진다면 어떤 고난도 유익이다.

하나님의 욥을 향한 마지막 말씀.(40:6-41:34)

40:8 네가 내 공의를 부인하려느냐. 하나님 통치의 선하심과 지혜에 대해 욥이 믿지 못하는지 물으셨다. **네 의를 세우려고 나를 악하다 하겠느냐.** 욥이 하나님 보시기에 경건한 사람이었다. 그러나 욥의 경건과 하나님의 정의가 부딪히는 것 같으면 마땅히 하나님의 정의 앞에 엎드려야 한다. 그런데 욥은 자신이 죄가 없음을 주장하였다. 결국 하나님의 정의로운 통치를 신뢰하지 못하는 것과 같은 모습이 되었다.

40:9 네가 하나님처럼 능력이 있느냐. 능력이 있어야 옳은 질문을 할 수 있다. 능력이 없으면 바른 질문을 할 수 없다. 욥은 모르는 것을 질문하고 있다. 대답을 알 수 없는 질문을 하고 있었다. 능력이 없으면 이해도 할 수 없다는 것을 알아야 한다. 초등학생이 고등학생 수학에 대해 질문하여도 능력이 없기 때문에 답을 알아들을 수 없다.

40:11-12 교만한 자를 발견하여 낮아지게 하며...악인을 그들의 처소에서 짓밟을지니라. 악인에게 그렇게 해 보라 말씀하신다. 그렇게 짓밟는 것이 악인을 향한 좋은 통치가 아니다. 심판이 아니다.
어떤 사람은 축구를 보면서 감독을 욕한다. 축구의 '축'자도 모른다고 혈기를 낸다. 그러나 감독이 그 사람보다 축구를 더 못할까? 그렇게 말하는 사람을 감독으로 세우면 아주 형편없을 것이다. 실제 자신이 그 자리에 있으면 그 자리가 얼마나 어려웠는지를 알게 될 것이다. 하나님께서 욥에게 악인을 심판하는 자리에 한 번 앉아보라고 말씀하시는 것이다. 악인을 심판하는 자리에 있다면 어찌 될까?
악인을 통치하시는 하나님의 마음을 누가 알수 있을까? 하나님은 능력이 없으셔서 심판하지 않으시는 것이 아니다. 모든 능력을 가지고 계시지만 악인을 바로 심판하지 않으신다. 하나님의 지혜를 누가 알 수 있을까? 하나님의 긍휼의 마음을 누가 알 수 있을까? 우리는 세상 사람들을 비난하는 습관처럼 하나님을 비난해서는 안 된다. 하나님을 향해서는 조금의 서운함도 가져서는 안 된다. 하나님의 통치는 완벽하기 때문이다.

40:15 이제 소 같이 풀을 먹는 베헤못. 베헤못에 대해서는 여러 의견이 있다. 실제 동물, 신화적 동물, 욕상 동물 전체에 대한 상징 등으로 말한다. 실제동물이라면 과거의 공룡으로 말하기도 하지만 하마가 가장 잘 어울린다. 정통적으로는 하마로 해석하였다.

40:18-19 그 뼈대는 쇠 막대기 같으니. 매우 강하였다. **하나님이 만드신 것 중에 으뜸이라.** 힘에 있어 으뜸이라고 말하는 것 같다. 매우 특이한 동물이었던 것으로 보인다.

40:24 눈을 뜨고 있을 때 누가 능히 잡을 수 있겠느냐. 힘이 강하여 누가 잡을 수 없고 조종할 수 없음을 말한다. 그러나 하나님께서 그것을 통치하신다. 그것도 하나님께서 만드신 것이기 때문이다. 사탄은 본래 선하게 창조된 천사다. 그러나 그것이 타락하여 사탄이 되었다. 그런데 사탄이 되었다 하여 하나님의 통치 밖에서 제멋대로 할 수 있는 것은 아니다. 하나님의 통치 영역 안에 있다.

왜 베헤못이라는 동물 이야기를 길게 하고 계실까? 아마 베헤못이 상징하는 것 때문인 것으로 보인다. 욥 당시 베헤못은 혼돈, 사망, 사탄 등을 상징했던 것으로 보인다. 그래서 베헤못 이야기는 베헤못이라는 동물이 대상이 아니라 그것이 상징하는 것을 대상으로 말씀하는 것으로 보인다. 하나님께서 그러한 것도 통치하신다는 것이다.
세상은 선과 악의 싸움이 있는 것이 아니다. 사람 안에서는 선과악이 싸우고 있지만 선하신 하나님께서 악한 것들과 싸우시는 것이 아니다. 혼돈과 사망과 사탄도 하나님의 통치 아래에 있다. 하나님께서 거짓을 행하지 않으시지만 거짓도 하나님의 통치 아래 있다. 흔히 하나님께서 못하시는 것이 있다고 말한다. 악을 행하지 못하시고, 거짓을 행하지 못한다. 그러나 나는 그것이 용어가 잘못되었다고 생각한다. 악을 행하지 못하시는 것이 아니라 안 하시는 것이다. 못하는 것은 통치 밖에 있는 것이고 안 하시는 것은 통치 안에 있는 것이다.

41 장

41:1 네가 낚시로 리워야단을 끌어낼 수 있겠느냐. 욥이 리워야단을 조종할 수 없음을 말씀하신다. 41 장은 모두 리워야단에 대한 말씀이다. 마지막 말씀이니 가장 중요하다 할 수 있다. 그런데 욥의 요청에는 하나도 대답하지 않으시고 갑자기 리워야단에 대해 아주 길게 말씀하시면서 마치신다. 리워야단은 성경에 자주 나오는 동물이다. 대체 리워야단은 무엇일까?

41:9 잡으려는 그의 희망은 헛된 것이니라. 리워야단이 너무 강력하여 잡을 수 없고 종으로 삼을 수 없으며 통제할 수 없음을 말한다. 우가릿 신화에 나오는 신화적 존재는 아니지만 단순한 악어는 아닌 것 같다. 리워야단은 항상 가장 강력한 괴물로 표현된다. 리워야단이 상징하는 것이 가장 강력한 무엇이기 때문이다.

41:10 아무도 그것을 격동시킬 만큼 담대하지 못하거든. 리워야단에게도 꼼짝하지 못하면서 하나님을 향해서는 불만도 많고 대항도 한다. 참 아이러니라고 말씀하신다.

41:15 즐비한 비늘은 그의 자랑이로다. 리워야단에 대한 여러 특성을 보면 많은 동물중에 악어에 제일 가깝다. 앞 부분에 나온 베헤못은 육지의 특별한 동물이고 성경의 다른 부분에서 전혀 나오지 않는 반면에 리워야단은 욥기에서 2 회, 시편에서 2 회, 이사야에서 1 회 나온다. 리워야단은 바다의 특별한 동물이고 베헤못보다 더 강력하다.

나는 어렸을적 리워야단을 공룡으로 들었던 기억이 있다. 워낙 강력하여 공룡으로 보는 사람도 있고, 가공의 신화적 동물로 보기도 한다. 우가릿 신화에 이와 비슷한 이름의 동물이 나온다. 아니면 멸종한 어떤 강력한 동물일 수도 있다. 전통적으로는 악어에 대한 과장된 묘사로 본다.

41:19-20 입에서 횃불이 나오고 불꽃이 튀어 나오며. 어떤 동물로도 설명이 안 된다. 그래서 공룡이나 신화적 동물로 해석하는 경향이 많다. 그러나 이것은 악어에 대한 과장된 표현일 것이다. 이렇게 과장하면서 말하는 이유는 이것이 상징하는 것이 강력한 것이기 때문이다.

41:28 화살...물맷돌. 리워야단을 화살과 물맷돌로 공격도 해본다. 그러나 아무 쓸모가 없다. 사탄은 인간의 강력한 것으로 공격한다고 넘어지는 존재가 아니다. 이상적인 나라를 건설한다고 이상적인 생각을 가진 사람들이 노력을 해 보기도 한다. 그러나 결국은 사탄의 꼬임에 넘어가 이상적인 나라는 가장 이상한 나라가 되고 만다. 가장 타락한 나라가 되고 만다. 하나님 없는 이상주의는 결국 사탄에게 넘어지게 되어 있다.

41:33 세상에는 그것과 비할 것이 없으니. 리워야단이 상징하는 것은 가장 강력한 무엇이다. **두려움이 없는 것으로 지음 받았구나.** 그것은 하나님과 맞서 싸우는 대등한 존재가 아니라 하나님의 지으심을 받은 존재이다. 리워야단이 나오는 다른 성경구절도 모두 리워야단에 대한 하나님의 통치를 말한다.

41:34 교만한 자들에게 군림하는 왕. 이러한 존재는 분명 사탄을 의미하는 것으로 보인다. 사람들은 사탄을 이리저리 공격을 하기도 하지만 번번히 패하기만 한다. 사실 세상에는 그것을 이길 사람이

없다. 결국 수많은 사람이 사탄의 수법에 속아넘어 간다. 결국 사탄은 그들 위에 군림하는 왕으로 존재하고 있다.

리워야단은 사탄을 상징한다. 사람들은 일단은 사탄을 싫어하는 것 같다. 양심은 사탄을 싫어하기 때문이다. 그래서 때로는 얕잡아보기도 한다. 그러나 사탄을 이긴 사람은 아무도 없다. 하나님 없이 사탄과의 싸움은 백전백패다.
욥은 지금 사실 사탄과 싸우는 중이다. 그의 고난은 사탄이 주체가 되어 주는 것이다. 사탄의 목적은 사람을 무너뜨리는 것이다. 우리는 욥기의 시작에서 사탄이 하나님의 허락(통치)하에 욥에게 고난을 주는 것을 기억한다. 욥은 고난에서 하나님께 고난의 이유를 물으며 마치 하나님께 문제가 있는 것처럼 하나님께 따지고 들었다. 그러나 욥이 싸워야 하는 것은 하나님이 아니라 사탄이었다. 사탄과의 싸움을 해야 하며 그 방법은 사탄과 맞짱뜨는 것이 아니라 하나님을 의지하고 또 의지하는 것이다.
하나님과의 돈독한 관계가 사탄과의 싸움을 이기게 한다. 그런데 그는 하나님을 철저히 의지하던 것에서 아주 조금의 금이 가려 하였다. 그것은 사탄을 이기는 전략이 아니다. 하나님께서 그것을 말씀하신다. 우리의 고난에서 사탄이 왕으로 군림하지 못하도록 해야 한다. 고난을 두려워하면 사탄의 노예가 될 것이다. 고난을 두려워하지 말고 오직 하나님을 의지해야 한다. 사탄이 고난을 통해 하나님과의 관계에 금이 가게 하려고 하면 오히려 사탄과 더 맞서 싸우며 하나님과의 관계를 더욱더 돈독하게 해야 한다. 고난의 때는 고난이 아니라 하나님과의 관계에 집중해야 한다. 이것이 매우 중요하다. 마지막에 길게 말씀하신 이유다.

42 장

욥의 고난에 대한 최종 결론. *하나님께서 욥에게 대답하셨다. 그런데 하나님의 말씀에는 욥이 질문하였던 핵심 질문 '왜 고난이 있습니까'에 대해 직접적으로 대답하지 않으셨다. 그러나 욥은 하나님의 말씀에서 그가 알아야 했던 모든 것을 깨닫게 되었다. 자신의 입장에서 답답했던 많은 문제들이 하나님의 입장에서 생각해 보니 모든 것이 해결되었다.*

42:2 주께서는 못하실 일이 없사오며. 히브리 원문대로 '모든 것을 하실 수 있습니다'라고 번역하는 것이 더 좋을 것 같다. 하나님께서 능력이 없으셔서 못하시는 것은 전혀 없다. 하나님께서 모든 것을 하실 수 있다. 사람들은 하나님을 향하여 답답해하는 경우가 많다. 자신이 하지 못하는 일들을 왜 해결해 주지 않으시는지 답답해한다. 그러나 그렇게 답답해하면서 어느새 하나님을 무능력한 분으로 취급하는 경향이 있다. 자신의 무능력이 하나님께 투사되는 것이다. 그러나 하나님은 전능하신 분이다. **무슨 계획이든지 못 이루실 것이 없는 줄 아오니.** 하나님은 계획하신 것을 다 이루신다. 목적하신 것을 다 이루신다. 선하신 하나님께서 선한 것을 계획하시며 그 모든 것을 반드시 이루신다. 그러니 하나님을 원망할 필요가 전혀 없다. 우리가 생각하는 것이 선한 것이라면 반드시 이루어질 것이다. 우리가 선을 이루기를 원하는데 하나님께서 힘이 없으시거나 다른 뜻이 있으셔서 이루지 못하는 것은 전혀 없다.

42:3 욥은 자신이 고난 받는 것은 진리가 아니라 생각했다. 그래서 왜 진리가 이루어지지 않는지 계속 질문하였다. 그러나 진리가 이루어지지 않는 것이 아니다. 진리가 이루어지지 않은적은 한 번도 없다. 단지 욥이 그것을 몰랐던 것이다. 더 큰 그림을 볼줄 몰랐던 것이다.

나는 깨닫지도 못한 일을 말하였고. 욥은 이전에는 자신이 알고 있다고 생각하였다. 그러나 돌이켜 보니 모르면서 한 말이었다. 그의 고난은 책망이 아니었다. 그는 책망으로 생각하였다. 그가 할 일은 진리의 일을 행하는 것이다. 그것을 어떻게 사용하시는지는 하나님께서 하시는 일이다. 그는 '헤아리기도 어려운 일을 말'하였다. 우리는 하나님의 전능하심을 알아야 한다. 하나님의 선하심을 알아야 한다. 우리가 아는 지식 안에서만 아는 것이 아니라 알지 못하는 부분에서까지 믿음으로 알아야 한다. 절대신뢰가 필요하다. 내 생각과 조금만 다르면 흔들리는 것이 아니라 자신의 무지를 인정하고 하나님을 절대신뢰해야 한다.

42:5 욥은 자신의 고난에서 시작된 모든 아파함과 논쟁 그리고 하나님의 응답하심을 통해 얻은 마지막 결론을 말한다. **내가 주께 대하여 귀로 듣기만 하였사오니.** 그가 이전에 하나님을 알고 경외하며 살았던 삶에 대한 말이다. **이제는 눈으로 주를 뵈옵나이다.** 새로 깨달은 것을 말한다. 하나님은 영이시니 이것이 실제로 주님을 눈으로 본다는 말은 아니다. 앞에서 이전에 하나님을 귀로만 들은 것이 아닌 것처럼 이 구절에서는 눈으로 보았다는 의미는 아니다. 그러나 귀로 듣던 사과를 직접 눈으로 보면 차원이 다른 앎이 되는 것처럼 하나님을 앎에 있어 차원이 다른 앎으로 더 발전하게 되었다는 것을 의미한다. 귀로 듣는 것은 '소문에'라는 의미로 다른 사람을 통해 전달되는 것이라면 눈으로 보는 것은 자신이 직접 경험하는 것이다. 그래서 차원이 다른 앎을 표현한다.
욥의 고난의 이유에 대한 문제는 여전히 풀리지 않았다. 그러나 그것을 지적인 차원으로 아는 것을 넘어 하나님의 주권과 통치에 대한 이해를 통해 고난의 이유에 대해 알게 되었다. 차원이 다른 앎이다. 절대신뢰를 통해 아는 것이다.

42:6 내가 스스로 거두어들이고. 자신이 친구들과의 대화에서 말했던 수많은 어리석은 말에 대해 거두어들인다는 말이다. 욥은 경건한

사람이었다. 그럼에도 불구하고 하나님께 아주 조금이나마 서운하거나 답답한 마음이 들었던 것이 있었다. 그러한 것을 생각할 때 욥은 참으로 죄송하고 부끄러웠다. 그가 한 모든 말을 거두어 들이고 싶었다. 말을 거두어들인다는 것은 불가능하다. 그러나 그는 할수만 있으면 그렇게 하고 싶었다. **티끌과 재 가운데에서 회개하나이다.** 욥이 회개하였다. 그 회개는 자신의 고난을 낳은 죄에 대한 회개가 아니다. 죄가 고난을 낳은 것이 아니다. 그것은 세 친구들의 잘못된 주장이다. 욥은 그가 고난 때문에 하나님께 잘못 말한 것에 대해 회개하였다.

고난은 깡패다. 고난을 당하면 어떤 말을 하여도 이해받아야 하는 것처럼 생각하는 경향이 있다. 하나님을 향하여, 사랑하는 사람을 향하여 말을 함부로 한다. 욥은 매우 조심했음에도 불구하고 자신의 고난이 깡패와 같은 언행을 하게 된 것을 회개하였다. 고난의 때에 조심하라. 자신도 모르게 고난 때에 생각을 함부로 하고 행동을 함부로 할 수 있다. 예배에 빠져도 당연한 것처럼 생각한다. 그러나 아니다. 고난의 때에 더욱더 조심하라. 고난을 아름답게 이길 수 있도록 기도하고 또 기도해야 한다. 고난의 때에 하나님을 향한 절대신뢰만이 드러날 수 있도록 조심하고 또 조심해야 한다.

욥기의 '나가는 말'. 고난에 대한 모든 토론이 끝나고 하나님께서 욥을 회복시키는 내용.

42:7 내가 너와 네 두 친구에게 노하노니. 욥은 세 친구의 말 때문에 마음이 많이 상하였다. 그런데 그때 하나님 또한 마음이 상하셨던 것 같다. 그때 당장 그들에게 말씀하신 것은 아니지만 이제 하나님의 진노에 대해 말씀하신다. 욥의 세 친구가 욥에게 한 말 때문에 하나님께서 진노하셨다. **너희가 나를 가리켜 말한 것이 옳지 못함이니라.** 욥이 원통해하며 반박하던 그 내용은 욥의 혼자만의 생각이 아니라 하나님께서도 그렇게 생각하셨던 것을 알 수 있다.

욥의 세 친구들은 하나님의 이름으로 이것저것 말하였는데 그들은 하나님의 이름을 함부로 도용하여 말함으로 말미암아 하나님의 분노를 일으켰다.

42:8 수소 일곱과 숫양 일곱을 가지고 내 종 욥에게 가서 너희를 위하여 번제를 드리라. 제물의 양이 아주 많다. 그들의 죄가 그만큼 크다는 것을 의미한다. 그들이 하나님의 뜻에 대해 자신들의 생각대로 잘못 말한 죄가 참으로 크다는 것을 볼 수 있다. 고난 가운데 있는 하나님의 사람을 자신들의 생각으로 비난한 것이 큰 죄다. **욥에게 가져가라.** 욥이 마치 제사장의 역할을 하여 하나님께 드리도록 하라는 것이다. 이 당시에는 제사장이 따로 없었던 고대이기 때문에 욥이 제사장의 역할로 중보자가 되어 자신의 세 친구들의 죄에 대한 속죄의 의미의 번제를 드리도록 요청하라는 것이다. **욥이 너희를 위하여 기도할 것인즉 내가 그를 기쁘게 받으려니.** 욥이 그들을 위해 기도하고 제사할 때 하나님께서 그의 기도를 받아들여서 친구들의 죄를 사해주신다는 말씀이다.

42:9 죄의 용서는 그냥 되는 것이 아니다. 죄 용서를 구할 때 이루어진다. 회개할 때 이루어진다. 욥의 친구들이 하나님의 말씀대로 재물을 가지고 욥에게 갔다. 욥이 용서를 구하는 제사를 드렸다. **여호와께서 욥을 기쁘게 받으셨더라.** 욥이 기도를 하자 욥의 기도를 받아주셔서 욥의 친구들의 죄를 용서해주셨다.

42:10 욥이 그의 친구들을 위하여 기도할 때 여호와께서 욥의 곤경을 돌이키시고. 잘못은 욥의 친구들이 했지만 욥이 친구들을 용서하는 것이 자신에게도 매우 중요하다는 것을 볼 수 있다. 욥의 회복이 욥의 용서에서 시작되었다는 것을 눈여겨 보아야 한다.
고난을 겪으면 그와 관련된 많은 사람들의 미운 죄가 있을 것이다. 고난의 회복을 원한다면 그 사람들에 대한 용서가 매우 중요하다. 어떤 사람은 고난을 겪고 나면 세상을 더 미워하게 됩니다. 자신에게 고난을 준 사람과 원인이 된 사람과 도구가 된 사람들 등 모든 사람이 미워져서 세상을 등지는 사람들이 있다. 세상에 대한 한이 가득하게 되는 경우가 많다. 그것은 잘못이다. 혹 그들이 매우 잘못하여 자신에게 고난이 있었을지라도 그들을 용서해야 한다. 하나님의 통치를 믿고 그들을 용서해야 한다. 용서하지 않고 자신 안에 한이 쌓여 있으면 자기 자신도 한의 희생자가 된다.
욥에게 이전 모든 소유보다 갑절이나 주신지라. 욥의 재산의 회복과 자녀의 회복은 이 땅에서의 회복이 있는 것을 말하기도 하지만 궁극적인 회복의 측면을 더 말한다. 때로 어떤 고난은 고난 자체로 끝날 수도 있다. 그러나 분명한 것은 천국에서 회복이 있을 것이다. 모든 고난은 그가 겪은 고난보다 훨씬 더 많은 복으로 채워질 것이다. 고난을 받을 때 당장은 힘들지만 그것이 낳는 열매는 고난의 고통보다 훨씬 더 크다. 그것을 명심해야 한다. 모든 고난을 투자라고 생각하라. 모든 고난에 반드시 선한 열매가 있다. 그 고난 가운데 욥처럼 조금은 부족함이 있어도 이겨내면 엄청난 열매가 있다.

42:16 그 후에 백사십 년을 살며. 욥이 고난을 받을 때 나이가 어떻게 될까? 어쩌면 70 세이었을 것이다. 재산이 두 배 가 된 것처럼 그의 생애도 그가 지금까지 살아온 것의 두 배를 더 살다 죽은 것을 말한다고 볼 수 있다.

욥의 이야기는 해피엔딩이다. 그런데 우리는 주변에서 해피엔딩이 아닌 사람들도 볼 것이다. 그러나 분명한 것은 고난 가운데 믿음으로 감당한 사람에게는 모든 고난이 해피엔딩이라는 것이다. 하나님께서 어떤 사람은 욥처럼 이 세상에서도 해피엔딩을 경험하게 하실 것이다. 그러나 어떤 사람은 이 땅에서는 해피엔딩을 경험하지 못하게 하신 경우도 있다. 그러나 분명한 것은 모든 사람이 천국에서 해피엔딩이 될 것이라는 사실이다. 어쩌면 이 땅에서 끝내 해피엔딩이 되지 못한 사람은 천국에서 더 큰 해피엔딩이 있을 것이다. 그것까지도 믿음으로 절대신뢰를 가지고 소망해야 한다.